AI와 행복

AI총서

인공지능 시대입니다. 기계가 인간의 인지를 대신하고, 사물이 인간을 통하지 않고 다른 사물과 직접 커뮤니케이션합니다. 이에 따른 인간 삶과 문명 변화를 정확히 이해·예측·대응하는 것은 이 시대 우리 모두의 과제입니다. AI총서는 인공지능 기술과 환경의 여러 주제를 10가지 키워드로 정리합니다. 관련 개념과 이론, 학계와 산업계의 쟁점, 우리 일상의 변화를 다룹니다. 인간과 기술의 현재, 미래를 세심히 분석합니다.

일러두기

- 인명, 작품명, 저서명, 개념어 등은 한글과 함께 괄호 안에 해당 국가의 원어를 병기했습니다.
- 외래어 표기는 현행 어문규정의 외래어표기법을 따랐습니다.

처음이세요?

전문가세요?

AI와 행복

최현철

대한민국, 서울, 커뮤니케이션북스, 2025

AI와 행복

지은이 최현철
펴낸이 박영률

초판 1쇄 펴낸날 2025년 12월 5일

커뮤니케이션북스(주)
출판 등록 2007년 8월 17일 제313-2007-000166호
02880 서울시 성북구 성북로 5-11
전화(02) 7474 001, 팩스(02) 736 5047
commbooks@commbooks.com
www.commbooks.com

ISBN 979-11-430-1541-9 03500

책값은 뒤표지에 표시되어 있습니다.

차례

행복과 인간다움의 마지막 질문 xi

01 도구를 넘어선 기술 1

02 편리와 행복 11

03 위안과 자기기만 21

04 지성의 모방과 왜곡 31

05 인간에 대한 재정의 41

06 인간다움의 기준 51

07 데이터화된 자아 61

08 포스트 휴먼 시대 71

09 책임과 미적 기술 81

10 AI 시대의 행복 91

행복과 인간다움의 마지막 질문

21세기 중반을 살아가는 우리는 기술의 거대한 전환점 앞에 서 있다. 특히 인공지능(AI)의 발전은 기존의 기술과는 차원이 다른 충격을 우리에게 안겨 주었다. 과거의 기술이 단순히 인간의 노동을 대신하고, 그 노동의 효율을 극대화하는 도구(tool)였다면, 오늘날의 인공지능과 그 기술은 인간과 감정을 모방하고, 그들의 언어로 인간과 대화하며, 판단과 결정을 수행하는 존재로 진화했다. 더 이상 기계는 인간의 외부에 놓인 단순한 보조물이 아니다. 인공지능을 품은 기계는 우리의 일상에 침투해 동반자처럼 말하고, 고독을 달래며, 때로는 인간보다 더 신속하고 정확한 판단을 내리는 도전자의 위치에 서게 되었다.

인공지능이 인간 노동을 대체하고, 고독을 위로하며, 삶의 효율을 극대화하는 동시에, 인간 존재의 본질을 위협할 수 있는 잠재적 위험이라는 이중적 얼굴을 형성하고 있는 지금, 우리는 이전 것과 유사하지만 매우 새로운 질문에 봉착해 있다. 지금의 과학 기술이 인간을 이전보다 더 행복하게 할 것인가? 아니면 인간이 그 기술에 의해 점점 도구화되며 진정한 인간다움을 상실해 가고 있는 것은 아닌가?

이 책은 바로 이러한 질문에 대한 철학적 대답의 출발선이다. 인공지능은 단순한 과학 기술의 산물이 아니라, 인간 존재의 본질과 행복의 의미를 새롭게 묻는 거울이다. 우리는 인공지능이 발전할수록 인간 스스로가 인간다움에 대해 다시 성찰해야만 한다.

우선 이 책의 1장 '도구를 넘어선 기술'은 기술과 인간의 새로운 관계에 관한 것으로, 기술의 본질과 그것에 대한 인간 인식의 변화를 다룬다. 역사적으로 기술이 투사된 물건은 대부분 인간의 손에 주어진 도구였다. 불을 피우기 위해 나무를 자르던 도끼와 돌칼, 곡식을 거두는 쟁기와 낫, 동력을 얻기 위한 증기기관과 전기, 그리고 인터넷까지의 도구들은 인간의, 인간에 의한, 인간을 위한 대상들이었다. 하지만 지금의 인공지능은 전혀 다른 차원의 도구적 변화를 야기하고 있다. 그들은 인간의 언어를 이해하고, 감정을 모방하며, 대화 속에서 마치 관계를 맺는 듯한 인상을 넘어서고 있다. 이 변화는 단순한 편의와 편리의 문제가 아니다. 인공지능은 기술을 인간의 내면으로 들어와 '관계적 존재'로 자리 잡게 하였다. 기술이 도구에서 관계의 차원으로 진입했다는 사실은 철학적으로 의미가 있다. 인간의 정체성은 본래 타자와의 관계 속에서 형성된다. 그런데 이제 타자는 단순히 다른 인간이 아니라 기계일 수도 있다. 인간-기계 관계가 인간-인간의 관계를 대신하기 시작한 지금, 우리는 인간 존재의 구조가 근본적으로 변하고 있음을 감지해야 한다.

이 책의 2장 '편리와 행복'에서는 기술의 진보적 역설, 즉 기술의 발전이 인간 삶의 편의성과 효율성을 높여왔지만, 그것이 진정한 '행복'으로 이어졌는지 되묻게 된 배경을 다룬다. 잘 알려져 있듯, 기술의 발전은 언제나 인간 삶의 편리와 효율을 높이는 방향으로 움직였다. 하지만 인간에게 편리의 증대가 곧바로 행복의 증대로 이어지는 것은 아니다. 오히려 역설적으로 지나친 편리함은 인간의 능동성을 약화하고, 간혹 자신의 삶을 자신이 통제하고 있다는 감각조차 상실하게 만든다. 현대인은 한 번의 클릭으로 전 세계의 정보를 손에 넣을 수 있으나 그 방대한 정보 속에서 길을 잃고, 피로와 무기력에 시달린다. 자동화된 기술은 인간을 육체적 고통에서 해방했는지는 모르겠지만, 동시에 노동(일)의 의미와 성취감이나 행복감을 빼앗기도 했다. 그래서 우리는 기술의 진보가 가져오는 행복의 변질을 성찰해야 한다. 행복이라는 것이 단순한 편리나 효율과 반드시 비례하는 것은 아니며, 삶을 의미 있게 꾸려나가는 자기 주체성에 관한 인간의 영원한 숙제이기 때문이다. 만약 기술이 인간을 수동적 존재로 만든다면, 그것은 행복이 아니라 공허한 안락일 뿐이다.

3장 '위안과 자기기만'은 인간 실존을 대체하는 감성 인공지능에 관한 이야기다. 오직 인간의 영역이라 믿어왔던 감성마저 알고리즘으로 해석되는 과정에서 발생하는 실존적 자기기만을 다룬다. 현재 등장하고 있는 감성 인공지능, 반려 로봇, 대화형 챗봇은 인간의 고독을 달래고 상처를 위로하는 역할을 맡고 있다. 많은 사람은 기계와 대화하며, 기계의 관심 어린 반응 속에서 정서적 안정감을 느낀다. 그래서 우리는 이 위로가 진정한 것인지 물어야만 한다. 인간 실존은 원래 불안과 죽음, 고립을 전제로 한다. 이러한 조건 속에서 인간은 서로의 고통을 나누며 의미 있는 연대를 만든다. 어쩌면 인공지능이 주는 위안은 결국 자기 기만적 행복일 수 있다. 그것은 고통을 진정으로 극복하는 것이 아니라, 마치 진통제처럼 고통의 자리를 잠시 덮어두는 행위일 뿐이다. 그래서 우리는 묻는다. 그렇다면 이러한 기술적 위안이 주는 행복은 무엇이 잘못된 것인가? 아니면 새로운 형태의 행복인가?

아마 그 답은 단순하지 않다. 왜냐하면 인공지능 기술이 제공하는 위로는 인간적 위로를 대체할 수 없지만, 고독한 존재를 버티게 하는 또 다른 조건이 될 수 있기 때문이다. 여기서 우리에게 중요한 것은 그것이 인간 행복의 전부가 아님을 잊지 않는 것이다.

4장 '지성의 모방과 왜곡'은 "과연 알고리즘이 인간을 그대로 옮길 수 있을까?"에 대해 다시 묻고 답을 찾고자 하는 시도다. 사실 인공지능은 인간 지성을 알고리즘으로 재현한다. 학습과 추론, 판단과 선택의 과정이 수치와 함수로 환원된다. 하지만 인간의 지성은 결코 합리적 계산만으로 구성되지 않는다. 디지털화되기 어려운 직관, 모순, 불합리성, 우연은 인간 지성의 중요한 일부다. 알고리즘은 이러한 인간적 요소들을 포착하지 못한다. 그것이 모방하는 것은 지성의 겉모습일 뿐, 인간적 깊이를 온전히 담을 수는 없다. 나아가 알고리즘의 판단은 인간적 지성을 왜곡할 위험이 있다. 빅데이터는 과거의 패턴을 학습하지만, 그 속에는 차별과 편견도 그대로 각인되어 편향성을 지닌다. 알고리즘이 사회적 의사 결정에 개입이 높을 때, 인간 행복의 조건은 왜곡될 수 있다.

따라서 우리는 기술이 재현할 수 없는 인간 지성의 고유한 영역—모순을 견디는 힘, 불합리 속에서 의미를 찾는 능력, 그리고 타인의 고통에 공감하는 감성—을 다시금 생각해야 한다.

5장 '인간에 대한 재정의'에서는 미래의 인공지능 기술이 과연 인간을 어떻게 규정할 것인가를 다룬다. 이미 플라톤은 《파이드로스》의 마지막 부분(274a-278e)에서 신화 이야기를 통해 문자에 비판한다(조대호, 2016). 문자가 기억을 보조할 수는 있지만 인간의 내면적 사유 능력을 약화할 수 있다는 것이었다. 역설적으로 인류의 역사에서 문자의 등장은 인간의 문명과 철학을 가능케 했다. 마찬가지로 인공지능이라는 새로운 기술은 인간을 위협하는 동시에 인간에 대한 새로운 정의를 가능케 한다. 인간은 기술을 만들면서 동시에 그 기술에 의해 정의되기도 하였다. '도구적 인간(homo faber)'이라는 규정은 이제 '데이터적 인간', '알고리즘적 인간'으로 변모하고 있다. 그러므로 중요한 것은 그동안 인간이 어떤 기술을 만들었는가가 아니라, 그 기술 속에서 인간을 스스로 어떻게 정의할 것인가다. 결국 인공지능 시대는 우리에게 인간다움의 본질을 묻는 철학적 시험대다.

6장 '인간다움의 기준'은 "무엇이 인간을 인간답게 만드는가?"라는 물음을 우리가 더 이상 피할 수 없게 된 시대를 살고 있음을 다룬다. 지금의 인공지능은 우리의 감정을 분석하고, 창의적 그림을 그리며, 윤리적 판단까지 재현한다. 그렇다면 인간을 인간답게 하는 본질은 과연 무엇일까? 아마도 이것 역시 단순한 기능의 문제가 아니다. 인간다움은 상처 입음, 불완전함, 죽음을 의식함에서 비롯된다. 분명 인간은 실패하고, 고통받고, 결국 죽을 수밖에 없는 유한적 운명을 가진 존재다. 그러나 바로 그 한계 속에서 의미를 만들고, 서로에게 연대하며, 행복을 모색한다. 인공지능이 아무리 능력을 확장하더라도, 인간의 불완전함 속에서 피어나는 의미와 행복을 대신할 수 없다. 어쩌면 인간에서 인간다움의 기준은 기능적 능력이 아니라 고통과 불안 속에서도 삶을 긍정하는 힘에 있다.

7장 '데이터화된 자아'는 감시와 노출이 일상화된 디지털 시대에 인간이 스스로를 끊임없이 콘텐츠화하는 과정에서 발생할 수 있는 다양한 문제들을 다룬다. 이미 SNS 속의 현대인들은 타인의 시선을 전제로 구성되었고, 인공지능의 알고리즘에 의해 분절되며 재조합된다. 우리는 매체에 스스로 드러내면서 동시에 스스로 감시하고 있다. 이 과정에서 인간의 행복은 왜곡된다. 언제부턴가 '좋아요' 숫자와 조회수가 현대인의 행복 가늠자가 되면서, 자율적 정체성은 점점 흔들리고 있다. 점점 데이터화된 자아는 우리에게 편리함을 제공하나, 인간의 깊이를 단순화한다. 현대의 기술은 자아를 효율적으로 드러내면서도, 오히려 그로 인해 인간은 본유의 내면과 스스로 멀어지고 있다. 진정한 행복은 타인의 시선에 갇히지 않고 자기 자신과 이해하며 살아가는 데서 비롯된다. 따라서 데이터화된 자아의 세계에서 인간은 끊임없이 자기 자신을 지키는 투쟁을 벌여야 한다.

8장 '포스트 휴먼 시대'는 인간 이후의 인간을 다룬다. 포스트 휴머니즘은 인간 중심주의(humanism)를 넘어, 인간 · 기계 · 동물 · 자연의 경계가 허물어지는 세계를 그린다. 인공지능과 생명공학이 결합하는 시대에 인간은 더 이상 특권적 존재가 아닐 수 있다. 사실 철학자 닉 보스트롬(N. Bostrom)은 대표적인 트랜스 휴머니스트로, 누적된 향상의 결과 기본적인 능력이 근본적으로 지금의 인간을 넘어서기 때문에 현재의 기준으로는 더 이상 인간이라 부를 수 없는 존재를 '포스트 휴먼'이라 부르고 있다(신상규, 2020). 이러한 현상은 위기가 아니라 기회일 수도 있다. 인간은 타자와의 관계 속에서 자신을 정의해 왔다. 이제 그 타자는 기계와 자연, 다른 생명체까지 확장된다. 우리는 새로운 윤리와 공동체 구성을 요청받고 있다. 인간의 행복은 이제 개별적 충족이 아니라 지구적 차원의 공존 속에서만 가능할 수 있다.

9장 '책임과 미적 기술'에서는 지금의 인공지능 기술은 예술이 될 수 있는가를 다룬다. 지금의 인공지능 기술은 단순히 기능적 효율에 머물지 않을 것이다. 그것은 앞으로 인간의 삶을 아름답게 하고, 타자와의 관계에 개입하는 방향으로 발전할 수 있다. 기술자가 단순한 기술자가 아니라 예술가가 될 때, 기술은 인간의 행복에 보조한다. 인공지능 또한 매한가지다. 인공지능은 단순히 계산기나 효율의 기계가 아니라, 인간과 더불어 새로운 예술적 · 윤리적 가능성을 열어갈 수 있다. 책임 있는 기술, 미적인 기술은 인간의 행복을 돕는 동반자가 될 수 있다.

10장 'AI 시대의 행복'은 이 책의 결론에 해당한다. 여기서 결국 우리는 이 책을 시작했던 그 질문으로 다시 돌아온다. 과연 인공지능 시대에 인간은 행복할 수 있는가? 여기에 대한 답은 단순한 긍정도 부정도 아니다. 인공지능은 분명 우리의 삶을 편리하게 하고, 고독을 달래며, 효율을 극대화한다. 동시에 인간다움을 위협하고, 행복을 왜곡할 위험도 품고 있다.

그러므로 중요한 것은 인공지능 그 자체가 아니라, 그 인공지능의 확장에서 우리가 어떤 존재로 남을 것인가다. 인간다움은 기술이 대신할 수 없는 불완전함과 상처,

죽음을 의식하는 실존의 조건 속에서 빛난다. 행복 또한 그러한 조건 속에서 서로에게 연대하며 의미를 창조하는 힘 속에서 발견된다.

인공지능은 우리를 대체하지 않는다. 오히려 그것은 인간다움의 본질을 다시 묻게 한다. “무엇이 인간을 인간답게 하는가?”, “우리는 정말 행복해졌는가?”라는 마지막 질문 앞에서, 우리는 여전히 불완전한 존재로서, 그러나 행복의 의미를 창조하는 존재로서 그 답을 찾아가야 한다.

참고문헌

신상규(2020). “포스트 휴먼과 포스트휴머니즘, 그리고 삶의 재발명”. horizon. https://horizon.kias.re.kr/12689/

조대호(2016). “글, 말, 기억 - 플라톤의 문자 비판에 대한 또 하나의 해석 -”. 《인문과학》, 106, 5~40쪽.

01
도구를 넘어선 기술

기술은 오랫동안 인간의 손에 쥔 도구였지만, 인공지능은 단순한 수단을 넘어 인간과 감정적으로, 인지적으로 '관계'를 맺는 존재로 진화했다. 이는 인간의 정체성이 이제 기계와의 관계 속에서도 형성될 수 있음을 의미하며, 인간 존재 구조의 근본적 변화를 예고한다. 따라서 이제 기술은 더 이상 도구가 아니다.

기후 위기와 인공지능?

기술의 본질 : 도구

기술은 인류 문명의 발전을 설명하는 가장 근본적인 특징 중 하나다. 대중적으로 통용되는 "테크놀로지(technology)"라는 영어는 '기술 · 예술'을 뜻하는 그리스어 테크네(techne)와 '말 · 이성'을 뜻하는 로고스(logos)가 결합한 단어다. 초기에 기술은 응용 미술을 설명하는 용어로 사용되었으나, 오늘날에는 인간 생활과 환경에 영향을 미치는 발전과 변화를 지칭한다(위키백과, 기술). 기술의 역사는 도구와 기법의 발명과 발전이며, 세계사의 전개와 다양한 방식으로 맞물려 있다는 것은 이미 대중들에게 잘 알려져 있다. 인류는 자연에 대한 지식을 토대로 새로운 도구와 방법을 창출해 왔으며 그러한 기술의 진보는 지식의 원천인 과학의 새로운 발전을 가능하게 했다. 지금은 "과학 기술 시대"라 불리지만 개념적으로 과학과 기술은 전혀 다른 것을 지칭하는 말이다. 우리가 전통적으로 지니는 과학과 기술의 개념에 대해 미국의 과학사 연구자인 데이비드 C. 린드버그(D. C. Lindberg)는 그의 저서 《서양 과학의 기원들(The Beginnings of Western Science)》 1장에서 만장일치의 합의는 아니지만 강한 지지를 받는 과학의 여러 가지 개념을 소개한다. 그중 과학과 기술을 구분하는 견해에 대해 다음과 같이 서술한다.

> 과학과 기술을 ⟨구분하는⟩ 견해가 있다. 과학은 이론 지식의 체계임에 반해, 기술은 현실 문제를 해결하기 위해 이론 지식을 응용하는 것이라는 견해다. 이러한 관점에 따르면 자동차 설계 및 조립을 위한 기술은 이론 역학이라든지 공기 역학과 같이 그 기술을 이끄는 여러 이론 분과로부터 당연히 구분된다(데이비드 C. 린드버그, 2009:21).

기존의 과학과 기술을 분리하는 인식에서 벗어나 현대의 "과학 기술"은 과학과 기술이 융합한 새로운 개념적 변화의 결과다. 과학과 기술의 개념적 융합 과정에서 우리는 기술이 어떻게 이론적 응용과 도구로서의 지위를 넘어서 왔는지를 짐작할 수 있다.

고대 그리스 철학, 특히 자연철학자들에 의해 과학의 개념이 등장하기 시작하면서 기존의 기술과 과학은 분화되었다. 이 시기부터 과학과 기술은 별도로 발달하고 그 개념도 다르게 전승되었다. 과학은 주로 철학자들에 의해 철학적인 논의의 과정에서 그 체계가 서서히 형성되었기 때문에 과학은 학문적이고 이론적 전통의 성격이 강하다. 반면, 기술은 주로 전문 기술인들이나 장인들에 의해 발전되고 계승되었다. 과학과 기술은 중세를 넘어 근대에 이르기까지 이렇게 학문적 전통과 장인적 전통이 서로 양립하면서 평행선이 이어졌다. 학자들은 그들의 논리로 장인들이 알아들을 수 없는 언어를 가지고 체계화시켰고, 장인들은 학자들과 교류하지 않고 손에서 손으로 그들의 기술과 전통을 전수하였다. 이 시기에 오히려 과학과 철학이 밀접하게 연결되는 반면 과학과 기술은 오히려 거리가 점점 멀어지게 되었다.

하지만 서양의 고대가 과학의 시대였다면 중세는 기술의 시대였다. 중세에는 기독교의 등장으로 인간의 모든 우주론적인 호기심은 종교가 대신했다. 그래서 이 시기에 사람들의 관심은 당연히 더 많은 생산을 위한 기계 제작이나 도구의 발견에 있었다. 그 후 근대에 발생한 과학 혁명은 철학과 결합하고 있던 과학이 철학과는 거리가 멀어지게 되고 기술과 오히려 밀접하게 연결되는 사건이다.

과학 혁명 이후에 과학과 기술을 구분하던 경계선은 서서히 무너지기 시작했다. 과학은 기술의 발전을 선도했으며 기술의 발전은 과학 진보의 발판을 마련해 주었다. 이러한 과학과 기술의 결합에 매개체 역할을 한 것은 근대의 산업과 자본의 힘이다. 자본은 과학의 발달에 따라 요구되는 고도로 정밀한 실험을 가능하게 했으며, 산업 기술의 진보는 이러한 요구를 충족시킬 수 있는 조건을 마련하였다. 과학과 기술이 상호 결합과 융합되어 과학은 기술의 진보를 촉진하고, 기술에서 요구되는 문제는 과학의 발전을 자극하는 상승효과를 가져왔다.

과학 이론은 현시점에서 가장 그럴듯한 하나의 모형이며 집단 지성의 합의와 융합물이다. 과학은 야만의 시대를 끝내고 합리적 이성으로 작동하는 현대 사회의 밑그림을 그렸다. 지난 300여 년간 과학은 미래를 밝히는 등불이 되었다. 과학과 철학은 미신을 타파했을 뿐만 아니라, 잘못된 종교의 힘과 권력을 약화하는 주역을 담당했다. 현대 인류에게 과학은 가장 믿음직하고 유용한 세계 해석의 방법이 되었다. 과학사학자 존 개스코인(J. Gascoigne)은 그의 저서 《과학과 국가(Science and the State)》에서 "19세기 초 과학자들이 도량형 정비와 등대 설치와 같은 일에서 능력을 발휘했고, 그것들이 과학과 국가의 관계 형성에 도움이 되었다"라고 주장한다. 19세기 중반에 들어서면서 과학은 몇몇 천재들의 취미에서 벗어나 이제는 전문 직업이 되었고, 독지가의 후원이 아닌 국가와 정부의 체계적인 지원을 받게 되었다. 20세기 들어 두 차례의 세계 대전은 과학 연구뿐 아니라 기술 개발에 대한 정부의 조직적 지원 체계를 공고히 했다. 여기서 기술은 단순히 과학의 응용이라는 과거의 상식을 깨며, 기술 발전이 과학적 발견을 가능케 하는 경우가 늘어나면서 과학과 기술을 묶고 연구와 개발을 묶어 "과학 기술"이 등장하게 된다.

사실 기술은 도구의 제작과 사용에서 시작했다. 우리 인류가 지구에서 살아 생존하기 위해서 생물학적 신체 능력만으로 거대한 자연의 위력과 환경적 제약을 극복하기란 그 한계가 분명하다. 이에 인간은 돌이나 나무, 금속과 같은 자연재를 가공하고 신체 능력을 보완 · 확장하는 수단을 고안하였다. 이러한 최초의 도구들이 곧 기술의 태동을 가져왔다. 다시 말해, 기술은 인간의 신체적 욕구와 필요를 실현하기 위한 도구적 장치의 산물이며, 도구 제작과 사용 능력은 기술의 본질적 출발점으로 이해될 수 있다.

미국의 기술 철학자 돈 아이디(Don Idhe)는 이러한 기술의 특징을 "체현적 관계"라 하였다. 여기서 말하는 체현적 관계란 신체 연장 측면에서의 기술적 도구와 인간의 관계를 의미한다. 돈 아이디는 분필의 사용을 '도구'의 '신체화'를 통한 체현적 관계의 예시로 제시하였다. 예컨대, 인간이 분필을 집어 칠판에 선을 그을 때 칠

판과의 접점은 인간 자신의 손끝이 아니라 분필이 된다. 즉, 인간은 분필을 통해 칠판을 경험한다. 이때 분필이라는 기술적인 도구는 인간과 세계 사이에 있다. 이러한 상황에서 기술적 도구는 경험의 수단이 될 뿐, 기술적 도구 자체가 주체가 되지는 않는다. 분필은 신체의 확장이며 인간에게는 신체화된 도구다(임미가, 101).

이렇게 인간 신체의 확장인 도구 즉 기술은 도구적 관점에서 몇 가지 중요한 특징[기술의 도구적 특징]을 지닌다.

첫째, 확장성이다. 도구는 인간의 신체적 · 정신적 능력을 단순히 보완하는 것을 넘어 본래 능력의 한계를 넘어서 확장한다. 망치는 손의 힘을 배가시키며, 망원경은 눈의 시야를 우주적 거리까지 넓히고, 컴퓨터는 인간의 기억력과 연산 능력을 기하급수적으로 증대시킨다. 이러한 의미에서 기술은 인간 능력의 확장된 분신이라 할 수 있다.

둘째, 매개성이다. 도구는 인간과 자연, 인간과 사회, 더 나아가 인간과 세계 사이의 관계를 매개한다. 인간은 도구를 통하여 자연을 변형하고, 사회적 관계망을 조직하며, 세계를 인식하고 이해한다. 따라서 기술은 단순한 물질적 장치가 아니라 인간과 세계를 연결하는 매개 구조로서 작동한다.

셋째, 중립성의 부재다. 흔히 도구는 단순한 수단으로 간주하여 가치로부터 독립된 것으로 오해되지만, 실제로 모든 기술은 특정한 세계관, 목적, 사용 맥락을 내포한다. 예컨대 핵무기는 물리적 차원에서는 단순한 에너지 방출 장치일 수 있으나, 그것은 동시에 정치적 위협, 윤리적 문제, 국제 질서의 구조와 불가분하게 연관되어 있다. 따라서 도구로서의 기술은 결코 가치중립적이지 않으며, 오히려 특정한 가치 체계와 인간 실천을 전제한다.

우리가 기술의 본질을 도구의 관점에서 규명할 때, 기술은 단순한 물질적 산물이나 장치에 국한되지 않는다. 급속하게 자율성을 확보한 기술, 즉 강한 인공지능은 인간과 세계의 관계 맺는 방식을 변화시키며, 심지어 인간 존재 자체를 재구성하는 힘으로 작동하고 있다. 도구는 인간 목적의 실현을 위한 수단이지만 동시에 인간의 목적과 욕망, 나아가 삶의 구조를 재편한다. 스마트폰의 사례는 이러한 사실을 극명하게 보여 준다. 스마트폰은 본래 통신을 위한 도구였으나, 그것은 인간의 생활 방식, 사고 패턴, 사회적 관계망을 근본적으로 변형시켰다. 이러한 맥락에서 기술의 본질은 단순히 도구적 성격에 머무르지 않고, 도구성을 통해 인간 존재와 세계 구조를 새롭게 구성하는 변혁적 힘에 있다고 할 수 있다. 돈 아이디에 따르면, 인간은 기술을 통해 유형 또는 무형의 능력 확대를 이루지만 확대의 이면에는 동시에 축소가 존재한다. 먼 곳에 있는 사람과 전화나 컴퓨터를 통하여 소통할 때, 전화로 소통할 때, 얼굴을 마주하는 시각적 전달이 축소되며, 메신저 채팅으로 소통할 때, 인간의 목소리와 시각이 모두 축소되는 것과 같다. 경험적 기술 철학자들은 삶의 실제 기술적 경험을 통해 기술의 의미를 고찰하고 기술에 대한 긍정적 시각을 가졌으며, 기술의 이익을 강조한다(임미가, 2021).

돈 아이디 역시 경험적 기술 철학자 중 한 사람으로서 기술로 인한 인간 능력의 확장을 긍정적으로 바라보았으나, 이와 동시에 기술의 축소적 측면을 조명하였다는 점에서 인공지능 기술에 새롭게 시사하는 바가 있다. 인공지능 기술로 인해 축소되는 것들에 대한 돈 아이디의 이러한 지적은, 선명하게 드러나는 인공지능의 부정적 영향 외에 이미 축소되었거나 축소를 인지하기조차 어려운 인공지능에 대한 우리의 관심을 환기한다.

결국 기술은 본래 도구의 제작과 사용에서 기원하였으며 확장성과 매개성, 그리고 가치중립적이지 않다. 기술의 본질은 단순한 도구적 성격에 한정되지 않는다. 기술은 인간과 세계 사이의 관계를 재정립하고, 인간의 목적과 삶의 조건 자체를 변형하는 존재론적 힘을 발휘한다. 따라서 기술을 이해한다는 것은 도구적 차원의 수단에 머무르지 않고, 그것이 인간 존재와 세계 질서를 어떻게 재편하는지를 성찰하는 일과 직결된다.

참고문헌

임미가(2021). "기술교육에 관한 기술철학적 고찰". 《한국실과교육학회지》, 34(4), 121~140쪽.

임미가(2024). "돈 아이디의 기술철학이 인공지능 기술에 주는 함의". 《倫理硏究》, 144, 95~114쪽.

데이비드 C. 린드버그(2009). 이종흡 옮김. 《서양 과학의 기원들》. 나남.

위키백과. "기술". https://ko.wikipedia.org/wiki/%EA%B8%B0%EC%88%A0

Gascoigne, J.(2019). *Science and the State*. Cambridge University Press.

02
편리와 행복

분명 역사적으로 기술의 발전은 인간 삶의 편의성과 효율성을 높여 왔다. 하지만 그것이 인간에게 진정한 '행복'으로 이어졌는지 되물어 보자. 현대인은 과학 기술을 동반하고 있는 일상의 삶에서 자신만의 행복의 조건이 무엇인지 진지하게 생각해 보아야 한다.

노래하는 AI 보컬?

기술이 주는 편리와 인간 행복

기술은 분명 우리에게 편리를 제공하며 그 편리는 인간을 가끔 행복하게 한다. 외연적으로 기술은 언제나 인간의 삶을 편리하게 하고, 더 나은 조건을 보장해 주는 것처럼 보인다. 불과 몇 세기 전만 하더라도 인류는 가장 기본적 의식주를 해결하기 위해 막대한 시간과 노동을 수행해야만 했다. 인간의 노동은 성별로도 분화되면서 확장되었다. 인간의 경제생활을 신석기 혁명 전후로 생각해 보면, 신석기 혁명 이전 수렵과 채취 시대에는 여성들이 생산에서 주된 역할을 맡았을 것이다. 신석기 혁명 이후 농경 및 목축 시대에 들어와서는 남성들이 생산의 주된 역할을 맡게 되었을 것으로 짐작된다(김성동, 2006). 비록 이렇게 신석기 혁명 이후 남성이 생산에서 중심적인 역할을 맡았다고 하지만, 인류 역사에서 많은 시간을 남성과 여성은 성에 따르는 노동의 분업이 있었고 공동 작업자로서 일해 왔다고 보는 것이 타당할 것이다. 농사를 짓거나 물건을 만든다고 할 때 어른인 남녀는 물론이고 아이들까지도 그 일에 참여하지 않고는 필요한 생산물을 생산하기 어려웠을 것이기 때문이다. 그것은 신석기 식량 생산과 가사 노동, 이동과 통신 등 일상의 거의 모든 영역은 인간의 육체적 힘과 시간에 의존했다.

하지만 증기기관, 전기, 컴퓨터, 인터넷에 이어 오늘날의 인공지능에 이르기까지 과학 기술로 인한 많은 기술은 끊임없이 인간 노동의 수고를 덜어주었고, 삶을 효율적이며 편리하게 만들었다. 당신도 한번 컴퓨터, 냉장고나 세탁기와 같은 가전제품이 부재한 일상의 삶을 생각해 보라! 그 어떤 누구도 지금의 기술이 분명 인간에게 '편리'를 제공해 온 동력이라는 점을 부정할 수 없을 것이다.

그럼에도 우리가 반드시 짚어야 할 질문이 있다. 과연 이러한 편리가 곧 인간 행복의 증대로 이어지는가? 지금까지 기술은 분명 인간 불편을 제거하며 노동의 시간을 절약해 주었다. 동시에 과거 우리가 경험하던 행복 조건들을 위협하고 있는 것도 사실이다. 이 지점에서 우리는 '기술 진보의 역설'이라는 철학적 문제에 직면한다. 편리함은 분명 기술이 인류에게 선사하는 선물이지만, 그것이 인간의 자기 주체성과 능동성을 약화하는 측면도 있다. 나아가 삶의 의미를 흐리게 할 때, 편리성이 행복의 자리를 대신할 수 없다. 오히려 그것은 행복을 위장한 안락이 오히려 덫이 될 수 있기 때문이다. 오늘날 인공지능은 인간에게 전례 없는 편리함을 제공한다. 음성 인식으로 집안의 조명을 켜고 끄고, 일정 관리와 정보 검색을 대화하듯 요청할 수 있으며, 맞춤형 추천 시스템은 인간이 선택해야 할 수많은 사소한 결정을 대신 처리해 준다. 과거 기나긴 검색과 수많은 시행착오가 필요했던 과제가 이제는 몇 초 만에 해결된다.

하지만 이러한 편리의 확장은 동시에 능동성의 약화를 불러온다. 인간이 본래 가지고 있던 '탐구'와 '선택'의 기회를 기계에 위임하면서, 스스로 사고하고 결정하는 힘은 점점 줄어든다. 지금 우리는 수많은 정보를 클릭 한 번으로 얻을 수 있지만, 바로 그 방대한 정보 앞에서 생각의 방향을 잃고 심지어는 존재적 무기력에 빠진다. 기술이 대신 제공하는 편리 속에서 인간은 자율적이고 능동적인 행위자가 아니라 수동적 소비자로 전락한다.

특히, 생성형 인공지능으로 인한 사회 문제는 우리가 긴급하게 해결해야 할 과제로 부상하고 있다. 생성형 인공지능에서 처리된 콘텐츠에 부정확하고 오해의 소지가 있는 정보가 포함될 수 있으며 정보의 출처가 제공되지 않아 신뢰성이 떨어진다. 또한 콘텐츠 제작자와 원본 콘텐츠 아티스트의 권리가 무시되는 새로운 종류의 표절이 발생한다. 그리고 언어 처리 기술로 인해 가짜 뉴스의 생성이 쉬워지며 딥페이크 기술로 가짜 영상을 구분하기 어려울 정도다(이용배, 2024).

그리스의 고대 철학자 에피쿠로스(Epicurus)는 쾌락을 최고선으로 보고, 쾌락을 행복과 동일시했다. 그는 쾌락과 고통의 관계를 모순 관계로 파악함으로써 '고통 없음'을 '쾌락'과 동일시하고 같은 논리로 고통 부재의 평온함(ataraxia)에서 '불행하지 않음'을 '행복'과 동일시한다. 그러나 고통 부재가 곧 쾌락을 의미하는 것이 아닐 수도 있고, 평온함 속에서 '불행하지 않음'이 곧 행복을 의미하는 것이 아닐 수도 있다. 고통의 부재는 쾌락과 고통의 중립 상태를 의미할 수도 있고, 불행하지 않음도 행복과 불행의 중립 상태를 의미할 수 있다(류지한, 장혜정, 2018). 더욱이 고통 없는 상태의 평온함은 무료와 권태로 이어져서 또 다른 불행의 원인이 될 수 있다. 이처럼 '고통 없는 상태에서의 불행 내지 행복하지 않음'은 얼마든지 가능하다. 쾌락과 행복하지 않음의 양립 가능성은 쾌락과 행복이 동일하다는 것을 반증할 수 있다. 행복은 고통이 사라진 상태를 넘어선다. 진정한 인간의 행복은 자신의 삶을 스스로 통제하고 있다는 감각에서 비롯된다. 첨단 기술이 발전할수록 인간의 자율성과 주체성이 약해지면서, 아무리 풍요롭고 노동의 고통이 없는 편리한 환경에서도 공허함을 느낀다. 이는 인공지능 시대가 우리에게 던지는 가장 역설적인 질문이다.

기술이 주는 편리함은 본질적으로 효율성을 추구한다. 적은 노력으로 더 큰 결과를 얻고, 짧은 시간 안에 더 많은 것을 해내는 것이 편리성의 척도다. 반면, 행복은 효율이 아닌 의미를 핵심으로 한다. 자기의 삶이 왜 소중한지, 왜 살아가는지, 자신의 성취가 어떤 의미를 가지는지에 대한 깨달음이 바로 행복의 원천이다. 자동화 기술 덕분에 가전제품이 가사 노동을 처리해 주는 것은 분명 큰 편리함이다. 하지만 가족과 함께 음식을 준비하고 식탁을 차리며 나누는 친밀감과 성취는 편리한 외주로 대신할 수 없는 인간 고유의 행복이다. 효율성은 우리에게 시간을 선물하지만, 의미는 그 시간을 살아갈 이유를 부여한다. 행복은 결국 "의미 있는 시간"을 얼마나 가졌는지에 따라 결정된다.

기술은 또한 인간을 육체적 고통에서 벗어나게 했다. 산업혁명 이후 기계가 힘겨운 중노동을 대신했고, 인공지능은 이제 정신적 · 인지적 노동까지 대체하는 단계에 이르렀다. 고통은 분명 감소했지만, 그 대가로 '일의 의미'는 희미해졌다. 노동은 단순한 생계 수단이 아니라 인간이 세상과 연결되고 자기의 능력을 발휘하는 중요한 장이다.

다수의 사람은 더 이상 일하지 않아도 되는 사회를 이

상적인 사회로 상상한다. 하지만 역설적으로 일이 사라질 때 인간은 의미 없는 무력감과 공허에 직면하게 된다. 이는 단순한 경제적 문제가 아니라 존재론적 문제다. 행복은 단지 무한한 여유나 완전한 편리 속에서 생겨나지 않으며 적절한 도전과 성취의 경험, 즉 몰입 속에서 증대된다.

그래서 미국의 긍정심리학자 미하이 칙센트미하이(M. Csikszentmihalyi)는 우리가 몰입 상태에 도달하기 위한 핵심 조건으로 '도전과 기술의 균형(Challenge-Skill Balance)'을 제시하는 데(M. Csikszentmihalyi, 1990), 어떤 활동이 개인의 능력에 비해 너무 쉬우면 지루함을 느끼게 되고, 반대로 너무 어렵게 느껴지면 불안감이 생긴다. 하지만 일에 대한 도전의 수준이 자신의 재능이나 기술과 적절하게 균형을 이룰 때, 사람은 그 활동에 온전히 몰입할 수 있게 된다. 이 균형이 맞춰진 순간, 우리는 시간 가는 줄 모르고 몰두하며, 가장 깊은 만족과 성취감, 행복을 경험한다.

인공지능 시대의 편리는 정보의 동시성과 직결된다. 우리는 세계 어디서든 클릭 한 번으로 방대한 데이터를 얻는다. 하지만 정보의 양이 곧 지혜나 행복을 보장하는 것은 아니다. 오히려 정보 과잉은 인간을 혼란과 피로로

몰아넣는다.

독일의 철학자 한병철이 말한 피로 사회는 정보와 선택의 홍수 속에서 방향을 잃고 자기 자신에게조차 무기력해진 현대인의 초상(肖像)을 드러낸다(한병철, 2012). 인간은 원하는 정보를 즉각적으로 얻지만, 그 속에서 정작 무엇을 원해야 하는지, 무엇이 가치 있는지 판단하기 어려워진다. 이는 단순히 편리함이 너무 많아져서 생기는 역설적 현상이다. 결국 인간에게 더 많은 정보와 더 빠른 효율이 아니라, 선택과 의미를 재구성할 수 있는 기준이 필요하다. 행복은 방대한 데이터의 소유가 아니라 삶의 방향을 스스로 세울 수 있는 능력과 더 연관성이 깊다.

지금까지의 논의를 정리하면, 편리와 행복은 결코 동일한 개념이 아니다. 편리함은 외적 조건의 개선이고, 행복은 내적 경험의 충만함이다. 편리함은 인간의 필요를 충족시키지만, 행복은 인간이 세계와 관계 맺으며 의미를 발견하는 과정에서 형성된다.

만약 과학 기술이 인간을 수동적 존재로 만든다면, 그것은 행복이 아니라 '공허한 안락'일 뿐이다. 당신도 침대에 누워 아무런 불편도 없이 모든 일을 처리하는 삶을 상상해 보라. 그것은 편리의 극치일지 모르겠으나, 인간적 성취와 의미가 부재한 삶이다. 행복은 언제나 능동성과 자율성, 그리고 의미와 성취의 경험에서 비롯된다. 그렇다면 인공지능 시대에 인간이 편리의 덫에 빠지지 않고 행복을 경험하기 위해서는 무엇이 필요한가? 첫째, 인간은 기술을 삶의 주인이 아니라 도구로 다루어야 한다. 기술이 제공하는 편리를 무조건으로 수용하는 것이 아니라, 그것을 어떻게 활용할 것인지 분명히 결정할 필요가 있다. 둘째, 인간은 기술이 대신할 수 없는 영역을 의식적으로 가꾸어야 한다. 관계, 창의적 사고, 도덕적 성찰, 영적 체험 등은 기계가 대체할 수 없는 영역이다. 이러한 차원을 적극적으로 추구할 때, 인간은 기술의 편리를 넘어서 진정한 행복의 조건을 마련할 수 있다. 셋째, 인공지능 시대의 교육과 문화는 단순한 정보 전달이나 편리의 소비를 넘어서, 자기 주체성을 강화하는 방향으로 설계되어야 한다. 스스로 사고하고 의미를 찾는 능력은 기술이 제공할 수 없는 행복의 원천이다.

결국 인공지능 시대의 진정한 과제는 편리와 행복의 차이를 올바로 인식하고, 편리를 넘어서 행복을 회복하는 길을 모색하는 데 있다. 기술은 도구일 뿐, 인간이 행복을 누리는 주체적 삶을 대신할 수는 없다.

참고문헌

김성동(2006). 《소비 열두 이야기》. 철학과현실사.

류지한·장혜정(2018). "에피쿠로스의 쾌락주의 행복론에 관한 비판적 고찰". 《철학논총》, 94, 151~169쪽.

이용배(2024). "상용 생성형 인공지능 도구의 현황과 문제점 고찰". 《정보교육연구》, 2(1), 133~138쪽.

한병철(2012). 김태환 옮김. 《피로사회》. 문학과지성사.

Csikszentmihalyi, M.(1990). *Flow: The Psychology of Optimal Experience*. Harper & Row.

03
위안과 자기기만

감성 로봇과 반려 인공지능이 인간의 고독과 상처를 치유하는 '기술적 위안'은 실용적 효용성을 지니지만, 실존적 조건에 대한 성찰을 방해하고 인간관계의 진정성을 훼손하는 자기기만적 행위일 수 있다. 이것은 양면적 논쟁을 낳는다.

인공지능과 편향?

감성 인공지능 시대의 인간 실존

현대 사회에서 기술은 인간의 외로움, 불안, 상처를 위로하는 매개로 점점 더 자리 잡고 있다.

인간은 오랫동안 외로움과 고통, 불확실성 앞에서 위안을 구해 왔다. 친구, 가족, 예술, 종교, 문학 등이 그러한 위안의 근원이 되었다. 그러나 21세기 들어 반려 로봇(companion robots), 감정 지능(affective intelligence)을 탑재한 대화형 챗봇, 치료형 인공지능과 같은 기술이, 이러한 전통적인 위안의 역할 가운데 일부를 대신하기 시작했다.

이러한 기술적 위로(consolation)가 실존적 조건들, 즉 불안, 죽음, 고립, 의미의 결여 등을 회피하거나 덮는 자기-기만(self-deception)의 가능성과 그것을 둘러싼 위험을 철학적, 윤리적, 그리고 기술 문화적인 관점에서 분석해 볼 필요가 있다. 이러한 위로가 완전히 부정적인 것만은 아닐지도 모른다는 가능성과 함께, 우리가 취해야 할 태도와 실천적 지향을 동시에 모색해야 한다.

20세기에 등장한 실존 철학은 인간 존재를 단순한 기능적 주체가 아니라 삶의 근본 조건들과 맞닥뜨리는 존재자로 본다. 특히 마르틴 하이데거(M. Heidegger)는 그의 주저 《존재와 시간(Being and Time)》에서 인간 존재자(Dasein)가 죽음을 향해 가는 존재며, 불안이 일상의 소외된 상태에서 벗어나 진정성의 가능성을 열어 주는 순간임을 강조한다(Aho, Kevin. 2023). 또한 무신론적 실존주의자인 장 폴 사르트르(J. P. Sartre)는 "실존이 본질에 앞선다"라는 말로, 인간은 태어났을 때 정해진 본질 없이 투명하지 않은 상황에 놓이며, 자신이 삶의 의미를 스스로 선택하고 책임져야 한다고 주장한다. 이러한 자유와 책임의 부담이 결국 인간 실존의 고유한 조건인 셈이다. 일찍이 덴마크의 철학자 쇠렌 키르케고르(S. Kierkegaard)도 그의 저서 《불안의 개념》에서 자유가 가능성의 가능성(the possibility of possibility)을 포함하는 한, 우리가 존재로서 우리에게 불안은 필연적이며, 이러한 불안을 마주함으로써 자기 자신과 관계가 형성된다고 주장한다(Wikipedia, The Concept of Anxiety). 이런 죽음과 불안이라는 조건에서 우리는 서로의 고통을 나누며 연대와 공감을 배운다. 누군가의 눈물을 곁에서 지켜보고, 그 눈물이 내 상처와 닿는 순간 우리는 단순히 위로받는 것을 넘어 인간적 깊이를 경험한다.

하지만 감성 인공지능은 이러한 실존의 조건을 살아내지 않는다. 사실 인공지능은 인간처럼 불안을 느끼지 않으며, 죽음의 유한성 앞에 서 있지 않는다. 오직 데이터와 알고리즘을 통해 감정을 시뮬레이션할 뿐이다. 그렇기에 인공지능이 주는 위로는 본질적으로 인간적 위로와는 다른 차원의 영역이다. 그런데도 우리는 그들이 제공하는 위로에 감동하고, 때로는 그것이 진짜라고 믿는다. 어쩌면 여기서 자기기만이 시작된다.

챗봇이 "당신의 마음을 이해해요"라고 말할 때, 우리는 잠시 안도한다. 반려 로봇이 다가와 손을 스치는 순간, 외로움이 조금은 가신 듯하다. 마치 누군가 내 곁에 있는 듯한 착각, 누군가 내 고통을 공감하고 있다는 믿음이 마음을 안정시킨다. 그러나 이 믿음은 진정한 공감에서 비롯된 것이 아니다. 기계는 내 고통을 '이해'하는 것이 아니라 그것을 인식(입력)하고 반응(산출)할 뿐이다. 감성 인공지능과의 상호작용이 감정적 의존 및 진정성의 저하와 같은 위험들을 동반할 수 있다고 한다(Babu, J. et al., 2025). 감성 인공지능은 사용자의 감정을 읽고 반응할 수 있지만, 감정의 주체(제 경험을 느끼는 존재)로서의 내면적 경험을 갖지 않는다. 그래서 인공지능의 공감적 반응은 이해와 예측에 기초할 뿐, 정서적 공감 또는 도덕적 공감의 기반이 되는 내적 고통의 공유나 유한성의 마주침을 포함하지 않는다. 공감이 단지 '알아서 말해주는 것'이라면, 그것은 진짜 공감이라기보다 부드러운 시뮬레이션이다.

이런 위안은 마치 진통제와 같다. 그것은 고통을 근본적으로 치유하지는 못하지만 순간적으로 잊게 해 준다. 인간 실존의 질문들, 예를 들어 "나는 왜 사는가?", "죽음을 어떻게 받아들여야 하는가?", "내 고통과 타인의 고통은 어떻게 연결되는가?"와 같은 문제는 표상적 위안에도 우리에게 여전히 남아 있다. 감성 인공지능은 이 질문들 앞에 서도록 돕지 않고, 오히려 그 질문을 잠시 덮어둘 뿐이다. 그래서 우리는 자기기만 속에서 안정을 얻는다.

그렇다면 인공지능이 제공하는 기술적 위안은 전적으로 잘못된 것일까? 반드시 그렇지는 않다. 인간 상담자가 곁에 없을 때, 혹은 타인에게 마음을 털어놓기 힘들 때, 감성 인공지능은 즉각적이고 비판 없는 반응을 제공한다. 인간끼리의 관계에서는 비판, 수치, 신뢰의 위험 등이 개입되지만, 인공지능은 일정 부분 비판 없는 공간을 제공할 수 있고, 이를 통해 사용자는 자신의 감정과 약함을 드러내는 부담에서 벗어난다. 실질적으로 경미한 우울증, 불안 혹은 스트레스 완화의 목적으로, 치료형 챗봇 등의 인공지능이 실제로 임상 및 실증 연구에서 유익함이 보고된 바 있다(Wu, J., 2024). 그리고 인공지능에 의한 위안이 인간관계를 대체하기보다는 보완하는 방식으로 작동할 경우, 예컨대 고립된 사람에게 정서적 대화를 제공하여 이후 인간 간 관계 회복을 촉진할 수 있다. 인공지능이 실제로 많은 사람들의 불안을 덜어주고, 고독을 견디게 하는 조건을 제공할 수도 있다. 어느 의미에서 이는 새로운 형태의 행복이라 부를 수도 있다.

하지만 중요한 것은 균형이다. 만약 우리가 이러한 위로에만 의존한다면 인간적 관계와 연대, 그리고 실존적 성찰은 점차 약화된다. 타인의 고통 앞에서 내가 책임을 져야 한다는 사실, 죽음을 직면하며 의미를 만들어 가야 한다는 인간 존재의 숙명은 점점 희미해진다. 결국 기술이 주는 위안은 행복의 한 조각일 수 있으나, 결코 행복의 전부가 될 수 없다.

우리는 인공지능의 위로를 단순히 배척할 필요는 없다. 그것은 고통을 견디게 하는 하나의 조건이 될 수 있고, 삶을 지속하게 하는 작은 힘이 될 수 있다. 그러나 동시에 우리는 그 위로가 자기기만이 될 수 있음을 늘 자각해야 한다. 그래서 우리는 기술과 인간 위안의 차이를 자주 성찰하고 기술의 한계를 인지하는 것이 필요하다. 우리는 지금, '이 감정 반응이 진정한 공감인가, 혹은 단순한 이해에 불과한가'와 같은 물음을 스스로에게 제기할 수 있는 성찰적 능력을 배양해야 하는 시점에 와 있다.

또한 지금 우리는 학교, 공동체, 대중 매체 차원에서 감성 인공지능과 인간 실존의 갈등, 자기기만의 가능성, 진정성의 의미 등에 대한 논의를 활발하게 진행할 필요가 있다. 철학, 문학, 윤리가 단순히 기술의 이익만을 다룰 뿐만 아니라 그 이면의 인간에 대한 도전을 포함하고 그것에 대한 응전도 준비해야 한다. 우리 역시 기술이 제공하는 안도 속에서 멈추는 것이 아니라, 그 너머에서 다시금 인간 실존적 질문을 던져야 한다.

사실 행복은 언제나 다층적이다. 행복은 결코 단일한 차원에서 파악될 수 있는 단순한 상태가 아니다. 그것은 안정감, 의미, 진정성, 그리고 고통을 감내하고 수용하는 능력 등 여러 요소가 얽혀 이루어지는 구조를 가진다. 우리는 때로 안정감을 통해 안도하고, 의미를 통해 삶의 방향을 찾으며, 진정성을 통해 자기 자신과 세계에 정직하려 하고, 고통의 수용을 통해 삶의 불가피한 조건을 받아들이며 성숙해진다. 이들 요소는 서로 분리된 것이 아니라, 하나의 삶 속에서 긴밀히 교차하며 인간 행복의 실질적 조건을 구성한다.

감성 인공지능은 이 가운데 일부, 특히 정서적 안정감과 일시적인 위로를 제공할 수 있다. 고독 속에서 누군가가 내 말을 들어주고 반응해 준다는 경험은 실제로 심리적 지지가 될 수 있다. 그러나 문제는 그것을 행복의 전부로 착각하는 순간에 발생한다. 기술이 줄 수 있는 위안은 부분적이며, 그것은 인간 실존의 본질적 조건들—불안, 죽음, 고통, 의미의 모색—을 대신하거나 제거하지 못한다. 오히려 그것들을 덮어두고 회피하게 만드는 자기기만의 위험을 내포한다.

그러므로 우리는 감성 인공지능의 위안을 전면적으로 거부할 필요는 없다. 그것은 부분적 조건(partial condition)으로 고독한 삶을 버티게 하는 새로운 도움일 수 있다. 그와 동시에, 우리는 여전히 실존적 성찰을 멈추지 않아야 한다. 불안과 죽음을 직시하는 태도, 고통을 서로 나누며 연대 속에서 의미를 찾는 행위야말로 인간 행복의 더 깊은 층위를 형성하기 때문이다.

결국 인공지능이 주는 위안은 위로이자 자기기만이다. 그것은 인간적 위로를 대체하지 못하지만, 인간이 고립 속에서도 삶을 지속할 수 있도록 도와주는 또 하나의 조건이 될 수 있다. 중요한 것은 그것을 행복의 전부로 여기지 않는 일이다. 기술은 일시적 통증을 완화하는 진통제의 역할을 할 수는 있으나, 치유 그 자체가 될 수는 없다. 치유는 오직 인간이 서로의 고통을 공유하고, 불안과 죽음이라는 실존적 조건을 껴안으며, 그 속에서 진정한 의미와 행복을 발견하려 할 때에만 가능한 것이다.

참고문헌

Babu, J. et al.(2025). Emotional AI and the rise of pseudo–intimacy: are we trading authenticity for algorithmic affection?. *Front. Psychol., 16.*

Wikipedia. The Concept of Anxiety. https://en.wikipedia.org/wiki/The_Concept_of_Anxiety?

Wu, J.(2024). Social and ethical impact of emotional AI advancement: the rise of pseudo–intimacy relationships and challenges in human interactions. *Front Psychol., 15.*

https://plato.stanford.edu/entries/existentialism/

04
지성의 모방과 왜곡

인공지능이 인간 지성의 판단, 추론, 학습을 알고리즘으로 재현하지만, 과연 인간 지성의 비합리성, 직관, 모순성은 알고리즘으로 환원될 수 있는가? 그렇다면 과연 인간 지성과 행복의 관계는 무엇이며, 그것이 왜곡될 위험은 어디에 있는가? 우리는 이제 이 물음에 답해야 한다.

청각장애인과 AI?

알고리즘적 환원과 한계

오늘날 인공지능은 인간 지성(intelligence)을 수치와 함수의 체계로 환원하여 재현한다.

기계 학습은 방대한 데이터를 학습하고, 신경망은 인간의 뇌 구조를 모사하며, 확률적 알고리즘은 불확실한 상황에서 추론을 가능하게 한다. 이 과정은 언뜻 보기에 인간 지성을 기술적으로 포착하고 그것을 그대로 재현하며 그것에 한계는 없는 듯하다. 실제로 알고리즘은 언어를 해석하고, 이미지를 분류하며, 심지어 인간 전문가와 유사한 수준에서 의학적 진단을 내리기도 한다.

그러나 이러한 재현은 본질적으로 "모사(imitation)"에 불과하다. 플라톤은 《국가론》 제10권에서 시인과 화가의 작업을 비판하면서, 그들의 예술이 단순한 모방에 불과하다고 말한다(서승원, 1992). 그는 침대의 예를 들어 설명하는데, 우선 신에 의해 만들어진 완전한 형상으로서의 '침대의 이데아'가 존재한다. 목수가 만드는 현실의 침대는 이 이데아를 부분적으로 구현한 사물일 뿐이다. 그런데 화가가 그린 그림은 이러한 사물을 다시 흉내 낸 것으로, 단지 외양만을 재현한 것이다. 따라서 예술은 이데아로부터 두 단계나 멀어진 모방에 지나지 않으며, 참된 진리에 도달하게 하기보다는 오히려 인간을 현혹하고 진리로부터 멀어지게 만든다.

하지만 인간의 지성은 단순한 계산 능력이나 규칙 적용으로 환원되지 않는다. 학습과 추론, 판단과 선택은 인간에게 단지 논리적 과정만이 아니라 직관, 감각, 경험, 그리고 우연성을 수반한다. 인간은 때로 합리성을 넘어서는 불합리 속에서 더 깊은 통찰을 발견하고, 모순적 상황을 견디며 창의성을 발휘한다. 이 지점에서 알고리즘적 지성과 인간적 지성의 차이가 드러난다.

철학자 앙리 베르그송(H. Bergson)은 인간의 지성을 두 갈래로 나누었다. 하나는 분석적, 계산적 지성이고, 다른 하나는 직관(intuition)이다. 베르그송이 말하는 '직관'은 '지성'과 대립한다. 지성은 외부의 대상을 분석적으로, 추상적으로 파악하는 인간의 능력이고, 직관은 우리가 대상 안으로 들어가서 대상을 직접 인식하는 방법이다. 지성은 우리가 대상을 관찰할 수 있는 장점이 있지만 관찰자에 따라 다른 상대적 지식을 제공해 준다. 또한, 지성은 특정한 관점에서 대상을 인식하기 때문에 대상을 그 전체로서 파악하는 데는 실패한다. 그래서 지성은 과학적 추론에는 적합한 능력이기는 하지만, 분석적 작업이기 때문에 대상의 본질을 역동적이고 생동적으로 파악하는 데는 실패한다. 반면에 직관은 대상 안으로 파고 들어가 대상과 하나가 되는 방법이다. 직관은 사물의 내부에 깊이 들어갈 수 있으므로 그렇게 얻은 인식은 절대적이다. 그러므로 오직 '직관'만이 끊임없이 흐르는 세계의 본질인 '지속'을 파악해 낼 수 있다(플립, 2025). 베르그송은 직관을 일종의 '지적 공감'이라 부른다. 이렇게 직관은 논리적 설명을 초과하는 창조적 행위로서, 삶과 시간의 흐름 속에서만 발휘된다. 인공지능은 전자의 영역에서 탁월할 수 있으나 후자의 차원은 포착하지 못한다.

또한 인간 지성은 우연성(contingency)을 품는다. 사실 인류의 수많은 발견과 발명은 의도적 계산이 아니라 우연한 착오나 예상치 못한 맥락에서 이루어졌다. 페니실린의 발견이나 천문학적 발견의 역사적 사례는 이러한 우연성이 어떻게 과학과 문명을 전진시켰는지를 보여 준다. 알고리즘은 과거 데이터의 패턴을 반복적으로 학습하지만, '예기치 못한 사건'의 창발적 의미를 생성하지는 못한다. 결국 인공지능이 생산하는 것은 예상되는 가능성의 확장이지, 인간적 지성이 만들어 내는 전혀 새로운 세계의 열림이나 개방성이 아니다.

합리성(rationality) 역시 인간 지성의 중요한 부분이다. 그러나 인간은 언제나 합리적이지만은 않다. 때로는 불합리성(irrationality)이 삶의 의미를 형성한다. 사랑,

신앙, 예술적 영감은 합리적 계산을 넘어서는 순간에서 비롯된다. 키르케고르가 말했듯, 실존은 끊임없이 모순과 역설 속에 놓인다. 죽음을 포함한 한계적 조건은 인간에게 불안을 일으키지만, 동시에 그것이 삶의 의미를 자각하게 만드는 계기(키르케고르, 2007)라는 그의 철학은 사실 합리적 설명을 넘어서는 모순의 수용이다.

알고리즘은 이러한 불합리성을 모방할 수 없다. 그것은 오류나 노이즈를 제거하려 하지만, 인간은 오히려 그 노이즈 속에서 의미를 찾는다. 그래서 프랑크푸르트 학파의 미학자 아도르노(T. Adorno)는 그의 《부정 변증법(Negative Dialektik)》 서문에서 "철학은 긍정으로부터가 아니라 부정의 힘으로 살아남는다"라고 말하며, 부정성(negativity)을 견디는 능력이야말로 인간적 사유의 본질이라고 강조했다(아도르노, 1999). 알고리즘은 부정성을 제거하는 방향으로 최적화되지만, 인간 지성은 그 부정성을 통해 진리를 탐색한다. 따라서 알고리즘은 인간 지성의 겉모습을 따를 수 있을지언정, 그 내적 깊이와 긴장은 포착하지 못한다.

수학과 컴퓨터 과학에서 알고리즘이란 "어떤 문제를 해결하기 위해 명확히 정의된 유한한 규칙과 절차의 집합을 적용하는 과정, 즉 한정된 수의 규제 · 명령으로 구성된 명확한 규칙 체계를 통해 문제를 해결하는 방식"을 말한다(《컴퓨터 · 인터넷 · IT용어 대사전》, 2005). 다시 말해 특정 문제를 해결하거나 연산을 수행하도록 컴퓨터가 작동하는 일련의 한정된 단계들의 집합이라고 할 수 있다. 인공지능 알고리즘은 그 목적에 맞게 다듬어진 데이터를 기반으로 자동화된 추론이라고 할 수 있다.

자동화된 알고리즘에 의해 형성된 인간 모방이 지니는 한계는 단지 그 불완전성에서만 끝나지 않는다. 더 심각한 것은 정보의 왜곡이다. 앞에서 말했듯이 알고리즘은 데이터에 기반하여 작동한다. 하지만 데이터는 결코 중립적이지 않다. 사회적 현실에 내재한 차별, 편견, 불평등은 데이터에 고스란히 반영되어 있다. 빅데이터를 학습한 인공지능은 결과적으로 과거의 불평등을 재생산하고 강화한다.

예컨대 채용 알고리즘이 여성 지원자를 불리하게 평가하거나, 범죄 예측 알고리즘이 소수 인종을 더 높은 위험군으로 분류하는 사례들은 이미 잘 알려져 있다. 이러한 문제는 단순한 기술적 결함이 아니라, 인간 지성이 가진 비판적 성찰과 윤리적 판단의 결여에서 비롯된다. 알고리즘은 과거의 패턴을 학습할 뿐, 그 패턴의 정당성을 성찰하지 않는다. 그 결과 인공지능이 사회적 의사 결정에 개입할수록 인간 행복의 조건은 왜곡될 수 있다.

인공지능 기술에 대한 사회적 기대와 우려가 교차하는 현재 상황에서 규범이라는 이름으로 그 기술의 발전 방향을 예단하거나 인위적으로 유도하는 것은 가능하지도 않을 뿐만 아니라 바람직하지도 않다. 현재 상황에서 인공지능을 구현하는 다양한 기술이 상식처럼 우리 사회에 확산하고 있지만, 이러한 기술을 활용하여 실제로 인공지능 시스템을 구축하는 것은 여전히 인공지능 기술 전문가들과 데이터 제공자의 몫이다. 인공지능 기술에 기반한 컴퓨팅 연산이 지닌 논리적 변용성과 비가시성이라는 특성 때문에, 인공지능 소프트웨어가 실제로 작동하기 전에는 어떤 상황이 발생할지 예측하는 것 또한 매우 어렵다. 최근 확인되듯, 빅데이터 · 딥러닝 · 기계 학습 등이 결합하여 인공지능 시스템의 자율성이 고도화될수록 그 작동 결과의 예측 가능성은 더욱 낮아질 것이며, 그에 따라 인공지능을 둘러싼 기대와 불안 역시 과잉 증폭될 가능성이 크다. 과잉 기대와 과잉 불안을 해소하며 인공지능 시스템에 대한 사회적 신뢰를 증진할 수 있는 하나의 방안이 인공지능 전문가와 사용자에 관한 윤리다(정원섭, 2020).

여기에 덧붙여 미셸 푸코(M. Foucault)의 권력 이론을 빌리자면, 알고리즘은 새로운 형태의 권력 장치가 된다. 데이터와 수학적 규칙의 중립적 외피 속에서 사실상 특정한 집단의 이익과 통제를 강화하는 것이다. 이는 인간 지성을 단순히 모방하는 데서 그치지 않고, 오히려 사회적 실천 속에서 왜곡하여 적용하는 위험을 내포한다.

따라서 우리는 기술이 재현할 수 없는 인간 지성의 고유한 영역을 다시금 강조해야 할 필요성이 있다. 그것은 세 가지로 요약될 수 있다.

첫째, 모순을 견디는 힘이다. 인간은 모순 속에서 갈등하고 흔들리며, 그 과정에서 새로운 의미를 창출한다. 둘째, 불합리 속에서 의미를 찾는 능력이다. 불안정하고 예측 불가능한 상황 속에서도 인간은 자기 존재 이유를 발견한다. 셋째, 타인의 고통에 공감하는 감성이다. 이는 단순한 정보 교환이 아니라 서로의 실존적 조건을 공유하며 연대를 형성하는 능력이다.

이 세 가지는 알고리즘으로 환원될 수 없는 인간적 지성의 핵심이다. 인공지능 기술은 계산과 최적화에 탁월하지만 모순과 불합리, 공감이라는 영역에서는 본질적 한계를 가진다. 그렇기에 인공지능 시대일수록 우리는 오히려 인간 지성의 이러한 고유성을 더욱 깊이 자각해야 한다.

알고리즘은 인간 지성을 재현하는 듯 보이지만, 사실상 그 외형만을 모방할 뿐이다. 직관과 우연성, 모순과 불합리, 그리고 공감의 능력은 결코 수치화할 수 없는 인간적 차원이다. 더 나아가 알고리즘은 사회적 데이터 속의 편견과 불평등을 재생산하면서 인간 지성을 왜곡할 위험을 안고 있다.

따라서 우리는 인공지능의 성취를 인정하면서도, 그것을 인간 지성의 대체물로 오해하지 말아야 한다. 오히려 인공지능의 발전은 인간 지성이 가진 고유한 영역을 다시 묻고, 더욱 강조하게 하는 계기가 되어야 한다. 모순을 견디는 힘, 불합리 속에서 의미를 찾는 능력, 타인의 고통에 공감하는 감성은 여전히 인간만의 지성적 특권이다. 이러한 영역을 지켜내고 계발할 때, 우리는 비로소 기술의 왜곡을 넘어 인간다운 삶의 조건을 유지할 수 있을 것이다.

참고문헌

김남용·신동철(2005). 《컴퓨터 · 인터넷 · IT 용어 대사전》. 일진사.

서승원(1992). "플라톤의 시와 예술에 대한 비판". 《서양고전학연구》, 6, pp.61~95.

정원섭(2020). "인공지능 알고리즘의 편향성과 공정성". 《인간·환경·미래》, 25, 55~73쪽.

쇠렌 키르케고르(2007). 강성위 옮김. 《불안의 개념/죽음에 이르는 병》. 동서문화사(월드북 33).
테오도르 아도르노(1999). 홍승용 옮김. 《부정변증법》. 한길사.
플립(2025). "직관과 진화에 대한 베르그송의 철학". https://plips.tistory.com/44.
Adorno, W. T.(1966). *Negative Dialektik*. Frankfurt aM.

05
인간에 대한 재정의

인공지능 뇌의 부담을 덜어주는 '약'처럼 보이지만, 사실은 인간 고유의 인지 능력과 비판적 사고 능력을 약화하는 '독'으로 작용될 수 있다.
플라톤의 《파이드로스》에서 이집트의 신 테우트가 문자가 인간의 기억력을 강화하는 '약'이 될 것이라고 주장한 데 반해, 타무스 왕은 오히려 문자가 기억력을 쇠퇴시키는 '독'이 될 수 있다고 반박했던 사례처럼 말이다.

AI 콘텐츠 크리에이터?

기술이 인간을 새롭게 정의할 수 있는가?

인간의 역사는 곧 기술의 역사라 해도 과언이 아니다. 불을 다루고 도구를 제작하며 자연을 극복해 온 과정에서, 인간은 스스로 자신을 호모 파베르(homo faber), 곧 "도구를 만드는 존재"로 규정해 왔다. 인류사적으로 호모(homo)의 시작도 기술과 도구에서 시작한다. '호모 파베르'의 조상 격인 고대 인류 '호모 하빌리스(Homo Habilis)', 즉 손재주가 있는 사람은 도구를 사용한 최초의 인류로 알려져 있다. 이들은 돌을 깨서 날카로운 조각을 만들고, 이를 이용해 사냥하고 가죽을 벗기는 등 적극적으로 환경에 개입했다.

그러나 기술은 단순히 인간의 필요를 충족시키는 수단을 넘어, 인간의 정체성 자체를 형성하고 재구성하는 거울로 작동했다. 다시 말해, 호모 파베르의 본질적 의미는 인간이 도구를 만들고, 동시에 그 도구와 기술에 의해 인간 자신이 형성되는 상호 관계에 주목하였다. 인간은 기술을 창조하고 발전시키지만, 그 과정에서 기술의 영향 아래 사고방식과 생활 방식이 변화하며 인간 자신마저 달라졌다.

고대 그리스의 플라톤은 문자라는 새로운 기술에 대해 비판적인 시각을 드러낸 대표적 사상가다. 그는《파이드로스》에서 테우트(Theuth) 신이 산수 · 기하학 · 천문학 등 인류에게 필요한 여러 기술을 발명한 존재로 묘사한다. 그들 중 하나가 문자다. 그는 타무스 왕에게 자신의 발명품이 사람들을 "더 지혜롭고 더 잘 기억하도록" 만들어 줄 놀라운 것이라고 자랑한다. 그러나 타무스 왕은 발명자는 자신의 발명품이 사용자들에게 해를 가져올지 아니면 이익을 가져올지에 대해서 잘 판단할 수 없다고 하면서, 발명품의 가치를 낮게 평가한다. 문자의 발명은 학습자가 자신의 기억이 아닌 '이질적' 사물인 문자에 의존하도록 함으로써 기억력을 감퇴시킬 것이며, 그 결과 지혜로워 보이기는 하나 실제로는 그렇지 않은 상태를 초래하게 될 것이다(주광순, 2007).

물론 플라톤의 문자와 기술에 관한 진의에 대해서 아직 해석의 여지가 있지만, 중요한 것은 문자가 기억을 보조하지만 동시에 내적 사유 능력, 기억을 퇴화시킨다는 사실이다. 역설적으로 문자는 철학과 문명을 꽃피우는 기반이 되었고, 기술의 부정적 측면은 새로운 가능성을 열어주는 문명의 시작이었다. 또한 기술은 언제나 인간의 본질에 대한 근원적이면서 새로운 질문을 촉발해 왔다.

오늘날 우리는 인공지능이라는 또 다른 거대한 기술

적 변곡점 앞에 서 있다. 이 기술은 문자 이상의 강력한 파급력으로 인간의 자기 이해와 존재 규정을 재정의하도록 요구한다. 인공지능 시대의 질문은 단순히 "인간이 어떠한 기술을 만들었는지"가 아니라, "그 기술 속에서 인간은 무엇으로 규정할 것인가"라는 철학적 물음을 동반한다. 이 물음에 지금은 기술 및 과학 철학, 인식론, 윤리학 등 다양한 철학 분야에서 새로운 탐구 지평을 열고 있다.

인공지능의 도래는 인간 존재의 전통적 규정에도 많은 영향을 미치게 된다. 인간은 더 이상 단순한 도구적 인간, 호모 파베르에 머물지 않고 '데이터적 인간'과 '알고리즘적 인간'이라는 새로운 정체성을 설정하고 있다.

우선, 데이터적 인간은 개인의 행동 양식, 선호도, 관계망 등이 모두 데이터로 환원되고 분석되는 존재를 말한다. 스마트폰 사용, 온라인 소비, 소셜 미디어 활동 등에서 축적되는 데이터는 일종의 '디지털 초상화'를 형성한다. 이는 미셸 푸코(M. Foucault)가 《감시와 처벌: 감옥의 탄생》에서 말한 판옵티콘적 시선처럼, 개인을 관찰·분석하고 규율하는 새로운 장치가 된다(미셸 푸코, 2020). 판옵티콘의 기본 개념은 감옥에 국한되지 않고 공장, 학교, 군막사, 병원, 정신병 요양소 등 다양한 제도적 공간에 적용되어 왔으며, 나아가 현대 사회 전반에서 작동하는 기본적 사회적 디자인으로 자리 잡게 되었다. 그러니까 푸코는 바로 판옵티콘에서 '근대 권력의 전형'을 보고 있는 것이다. 지금 이것을 구체적으로 실현하고 있는 것은 아마도 데이터일 것이다. 데이터는 우리 자신을 객관적으로 보여주는 거울이 되기도 하지만, 때로는 우리가 의식하지 못한 편향과 취약성을 드러내며, 심지어는 인간 스스로보다 더 정확하게 인간을 예측하는 듯한 권력을 행사한다. 이때 개인은 "데이터의 점"으로 존재하며, 자신의 의미를 데이터 흐름 속에서 새롭게 모색해야 하는 상황에 직면한다.

둘째, 알고리즘적 인간은 의사 결정 과정이 점점 알고리즘의 논리에 의해 규정되는 존재를 말한다. 알고리즘은 빅데이터를 분석해 최적화된 선택을 제시하는 규칙 체계다. 오늘날 우리는 알고리즘이 추천하는 음악을 듣고, 뉴스를 접하며, 소비 생활을 영위한다. 더 나아가 의료 진단, 금융 투자, 사법 판단 등 인간의 핵심적 결정 영역까지 알고리즘이 개입하고 있다. 이로써 인간에게 있는 자유 의지와 자율성의 의미가 재검토될 수밖에 없다. 알고리즘적 인간은 나름의 자율성과 합리성을 추구하지만, 그 과정에서 우발성, 비효율성, 감성적 가치와 같은 인간다움의 본질적 요소를 상실한 존재다.

이렇게 지금의 인공지능은 인간에게 해방과 위협이라는 이중적 의미를 동시에 지닌다. 이는 플라톤이 문자를 "기억의 약이자 독"이라 부른 역설과도 유사하다.

긍정적으로 볼 때, 인공지능은 인간을 단순노동으로부터 해방하고 창의적이고 본질적인 활동에 집중할 가능성을 열고 있다. 동시에 인공지능이 인간의 일자리를 대체하고, 사회의 중요한 의사 결정을 대신할 수 있다는 점은 불안을 자아낸다. 나아가 인간 고유의 창의성, 공감 능력, 윤리적 판단력조차 인공지능에 의해 모방되거나 대체되는 현상은 인간 존재의 특수성에 대한 위기의식을 증폭시킨다.

여기서 중요한 점은 기술의 위협이 곧 인간에게 새로운 성찰의 계기를 제공한다는 사실이다. 기술은 인간의 모습을 외부로 투사하는 거울이다. 인공지능 시대의 위협은 오히려 인간 고유의 특성을 다시 묻도록 자극한다. 가령, 비합리적 감정, 우연성 속에서 발현되는 창의성, 그리고 윤리적 책임감은 인공지능이 쉽게 획득할 수 없는 인간다움의 핵심 영역이다. 기술은 인간으로 하여금 스스로 자기 본질을 재발견하게 하는 매개적 장치가 된다.

따라서 인공지능 시대에 인간다움을 찾는다는 것은

과거의 규정을 반복하는 것이 아니라, 새로운 기술 환경 속에서 인간의 가치를 재구성하는 작업이다. 여기서 우리는 '관계적 인간'과 '윤리적 인간'이라는 두 가지 방향을 모색할 수 있다.

첫째, 우리는 관계적 인간이다. 인공지능은 감정을 모방하고 대화할 수 있지만, 실질적인 인간의 공감 능력이나 타인과의 관계 맺음은 인간에게 주어진 고유한 능력이다. 마르틴 부버(M. Buber)가 "나는 너이고, 너는 나다"라고 표현한 대화적 관계성은 인공지능과 기계가 모방할 수 없는 인간 경험의 본질이다. 부버의 대화적 관계는 "인간이 존재하는 방식 자체가 대화적이며, 진정한 인간성은 타자와의 '나와 너' 관계 속에서 실현된다"는 의미를 지닌다(마르틴 부버, 1995). 이렇게 인간은 타자와의 만남을 통해 자기 존재를 발견한다. 그래서 인공지능이 제공하는 편향된 정보 속에서도, 인간은 오히려 더 적극적으로, 다양한 방식으로 타자와의 관계를 확장하며 다양한 관점으로 그들을 수용한다.

둘째, 우리는 윤리적 인간이다. 인공지능은 데이터와 알고리즘에 따라 결정을 내릴 뿐, 그 결과의 옳고 그름을 성찰할 능력은 없다. 편향성, 불평등 심화, 개인정보 침해와 같은 문제는 결국 인간이 짊어져야 할 윤리적 과제다. 해나 아렌트(H. Arendt)가 강조했듯, 인간은 도구적 합리성에 매몰될 때 전체주의적 위험에 노출된다. 해나 아렌트는 인간의 조건으로서의 활동적 삶을 세 유형으로 나눈다. 노동, 작업 그리고 행위가 바로 그것이다. 이렇게 유형화된 인간의 활동적 삶의 범주들은 인간의 본성이나 본질과는 무관하지만 분명 인간의 실존을 해명하는 규정적 성격을 지니고 있다. 비록 그것이 인간의 본질 해명으로 이어지는 것은 아니라 할지라도 인간을 이해하는 단초임은 확실하다(박병준, 2014). 그녀에 의하면 근대는 '작업과 노동'이 강조되었다. 특히 호모 파베르의 도구적 세계관만이 강화되어 공적 영역에서의 대화 · 판단 · 책임이 약화되었다고 진단한다. 이 도구적 태도는 사물과 사람을 수단으로 환원시키고, 정치적 상호성 · 판단 능력을 마비시킨다. 따라서 인공지능 시대의 인간은 기술을 무조건 따르는 존재가 아니라, 그 결과를 끊임없이 성찰하고 윤리적 기준을 제시하는 책임적 행동의 주체가 되어야 한다.

인공지능 시대는 인간에게 과거의 도구적 인간 규정에서 벗어나 새로운 존재 의미를 모색하도록 요구한다. 우리는 '데이터적 인간'과 '알고리즘적 인간'이라는 새로운 현실을 인식하는 동시에, 관계와 윤리 속에서 인간 본질을 재확립해야 한다. 인공지능은 인간을 단순히 대체하는 도구가 아니라, 인간에게 더 깊이 있는 자기 성찰을 촉구하는 철학적 질문자다.

따라서 중요한 것은 인공지능을 두려워하거나 거부하는 것이 아니라, 그것과의 공존을 위한 새로운 길을 창조하는 일이다. 인간이 인공지능에 종속되지 않고, 오히려 창의성 · 공감 능력 · 윤리적 판단력이라는 고유한 능력을 발전시킬 때, 인공지능은 인간 존재의 의미를 더욱 깊이 성찰하게 만드는 촉매제가 될 것이다.

결국 인공지능 시대의 새로운 인간 정의는 기술을 창조하는 인간의 능동성, 그리고 그 기술 속에서도 인간다움을 잃지 않으려는 윤리적 의지에 달려 있다. 이는 단지 기술 활용의 문제가 아니라, 인간 존재의 의미를 묻는 철학적 여정의 새로운 출발점이다.

참고문헌

박병준(2014). "한나 아렌트의 인간관 – 《인간의 조건》에 대한 철학적 인간학적 탐구 –". 《철학논집》, 38, 9~38쪽.

주광순(2007). "플라톤의 구술성과 문자성". 《대동철학》, 38, 97~120쪽.

마르틴 부버(1995). 표재명 옮김. 《나와 너》. 문예출판사.

미셸 푸코(2020). 오생근 옮김. 《감시와 처벌: 감옥의 탄생》. 나남.

한나 아렌트(2019). 이진우 옮김. 《인간의 조건》. 한길사.

06
인간다움의 기준

만일 인공지능이 인간의 감정, 창의성, 윤리적 판단까지 완벽하게 재현하며 인간의 능력을 그대로 모방할 수 있다면, 우리는 인간을 인간답게 만드는 본질이 무엇인지 다시 성찰할 필요가 있다.

AI와 민주주의?

인간다움의 철학적 기준을 재정립

지금은 인공지능에 의존하는 시대다. 21세기를 살아가고 있는 우리는 기술적 혁명의 소용돌이 속에 놓여 있다. 그 중심에 인공지능이 있다. 인공지능은 이제 더 이상 먼 미래의 공상적 이야기나 실험실 속의 허구적 기술이 아니다. 우리는 스마트폰의 음성 비서, 금융시장의 알고리즘, 병원의 진단 시스템, 심지어 예술과 문학 창작 영역에서까지 인공지능 기술에 감탄하며 그것이 주는 위기를 체감하고 있다. 이미 인공지능은 인간의 감정을 분석하고, 인간의 것과 유사한 예술 작품을 만들며, 윤리적 딜레마에 대해 자기의 입장을 논리적으로 주장하고 있다. 우리는 어디까지 인공지능에 의존해야 하는가? 어쩌면 우리 인간 정체성마저도 인공지능을 의존해야 할지도 모르겠다. 이렇게 인공지능은 인간이 오래도록 '인간만의 고유한 능력'이라 여겨온 거의 모든 영역을 하나하나 점령해 가고 있는 것 같다.

그러나 이러한 기술적 진보는 단순한 편리함의 문제가 아니라, 우리에게 근본적인 철학적 질문을 던진다. 과연 무엇이 인간을 인간답게 하는가? 인간다움은 단지 기능적 능력의 총합으로 정의될 수 있는가? 만일 인공지능이 인간의 언어, 창의성, 감정 표현까지 재현한다면, 우리는 여전히 인간만의 고유한 가치를 주장할 수 있는가?

이 장에서는 이러한 문제의식을 바탕으로, 인공지능 시대에 새롭게 제기되는 '인간다움의 본질'에 대한 철학적 탐구를 시도한다. 특히, 나는 인간의 불완전성과 유한성, 그리고 그 한계 속에서 피어나는 의미와 연대의 가능성을 중심으로 글을 전개하려 한다. 어쩌면 우리에게 인간다움이란 단순히 효율성과 기능의 우월성에서 비롯되는 것이 아니라, 오히려 상처 입을 수 있는 연약함, 죽음을 의식하는 실존적 불안, 그리고 불완전과 고통 속에서도 삶을 긍정하고 의미를 창조하는 힘에 있었을지도 모른다. 이것을 인간이 되어가는 인공지능이 우리에게 알려주고 있다.

인공지능의 큰 특징 중 하나는 오류를 최소화하는 것이다. 방대한 빅데이터와 알고리즘을 기반으로, 인공지능은 인간이 범하기 쉬운 실수를 피하고, 최적의 결론에 도달하려 논리를 가진다. 예컨대 의료 영상 분석에서 인공지능은 숙련된 인간 전문의보다 더 높은 정확도로 질병을 판별한다. 체스나 바둑 같은 전략 게임에서도 인공지능은 이미 인간 챔피언을 능가했다. 이처럼 인공지능의 능력은 때로 인간보다 뛰어난 '완벽성'의 환상을 만들어 낸다.

그러나 여기서 주목해야 할 점은, 인공지능이 보여 주는 능력이 어디까지나 기능적 영역에 국한된다는 사실이다. 인공지능의 학습 과정은 데이터의 축적과 오류 수정일 뿐이다. 인공지능은 실수나 실패로 인해 고통받지 않는다. 반대로 인간은 실수 속에서 좌절하고 실패로 인해 고통받으며 때로는 그 경험을 통해 성장한다. 인간의 실패는 단순한 결함이 아니라 성찰과 깨달음을 낳는 중요한 계기다.

예를 들어 설명해 보자. 예술가가 실패한 작품에서 얻은 좌절과 통찰은 그의 예술 세계를 더욱 깊고 풍부하게 한다. 과학자의 실험 실패 역시 새로운 발견으로 이어질 수 있다. 이처럼 인간의 불완전성은 연약함을 드러내는 동시에, 새로운 의미와 가능성의 원천이다. 인공지능이 아무리 인간의 감정을 분석하고 모방하더라도, 고통과 실패 속에서 피어나는 인간적 성숙을 대체할 수는 없다.

나아가, 인간은 불완전성 때문에 서로에게 연민을 느끼고, 협력하며, 공동체를 형성한다. 상처 입은 존재이기에 타인의 상처에 공감할 수 있고, 실패를 경험했기에 서로를 위로할 수 있다. 불완전성은 인간다움의 약점이 아니라, 오히려 연대와 의미를 가능케 하는 힘이다.

이미 철학자 마틴 하이데거(M. Heidegger)는 인간을

'죽음을 향한 존재(Sein zum Tode)'로 규정한 바 있다. 그에 의하면 인간이 죽음을 회피하는 방식이 아니라, 죽음을 향해 달려가 '나의 죽음'으로 받아들이고 인간의 유한성과 일회성을 인식할 때, 현존재는 불안의 기분과 더불어 나의 본래적 존재에 가까워질 가능성을 만날 수 있다(하이데거, 2025). 또한 스티브 잡스(S. Jobs)는 스탠포드 졸업식 연설에서 "죽음은 삶의 유일한 최고 발명품"이라고 말했다. 사실 이 말은 언뜻 보면 틀린 말 같지만, 다른 관점에서 보면 맞는 말일 수도 있다. 죽음은 누가 만들어 내지 않아도 언젠가는 우리에게 닥쳐올 '운명'과 같은 것이기 때문에 '죽음'을 '발명품'이라고 표현하는 것이 틀린 말일 수도 있다. 하지만 '삶'이란 것이 없다면 '죽음'도 없을 것이기에 죽음은 삶이 만들어 낸 발명품이라고 말하는 것이 적절한 표현일 수도 있을 것이다(이정렬, 2018).

인간은 유한한 삶의 끝을 의식하며, 죽음을 통해 자기 존재의 근본적 조건을 자각하는 존재다. 죽음을 알기에 인간은 삶을 단순한 생물학적 과정 이상으로 경험한다. "메멘토 모리(memento mori)"라는 말처럼, 죽음을 기억하는 것은 오히려 삶을 더 충실히 살아가도록 하는 원동력이 된다.

인공지능은 죽음을 알지 못한다. 인공지능의 '죽음'은 단지 프로그램의 중단, 데이터의 삭제, 혹은 전원 차단일 뿐이다. 그들에게 죽음은 실존적 사건이 아니라 기술적 상황에 불과하다. 인공지능은 끝남을 의식하지 않기에, 삶의 유한성을 전제로 한 의미 부여도 할 수 없다.

반대로 인간은 유한성을 자각하기 때문에 삶을 소중히 여긴다. 부모를 잃은 슬픔, 친구와의 이별, 사랑하는 사람의 죽음을 경험하면서 인간은 죽음이 삶을 덧없게 하는 동시에 더 가치 있게 만든다는 것을 배운다. 죽음을 향한 자각은 인간으로 하여금 사랑, 우정, 예술, 지식 같은 가치를 창조하게 한다.

나아가 죽음은 인간 사이의 연대를 낳는다. 우리는 모두 죽음을 피할 수 없는 존재라는 사실을 알기에, 서로에게 더 깊은 공감과 연민을 느낀다. 인공지능이 아무리 관계를 계산하고 시뮬레이션하더라도, 죽음을 통한 상실감과 그로 인한 인간적 깊이를 결코 이해할 수 없다.

인간의 삶은 필연적으로 고통과 불안으로 점철되어 있다. 질병, 상실, 실패, 죽음은 인간을 끊임없이 괴롭힌다. 그런데도 그러한 고통과 불안 속에서 인간은 의미를 찾고, 삶을 긍정하는 힘을 길러왔다.

빅터 프랭클(Viktor E. Frankl)은 나치 강제수용소라는 극한 상황 속에서조차 삶의 의미를 발견할 수 있었다고 증언한다. 그는 《죽음의 수용소에서》라는 자신의 저서에서 "삶의 의미는 어떤 상황 속에서도 발견될 수 있다"라고 역설한다. 인간은 어떤 상황에서도 삶의 의미를 찾으려는 의지를 가지며, 고통 속에서도 스스로 태도를 선택하는 자유를 통해 삶의 더 깊은 의미를 발견하고 정신적으로 성장할 수 있다고 보았다. 즉, 고통 그 자체가 목적이 아니라, 고통에 맞서는 태도와 의미를 부여하는 과정을 통해 인간 존엄성을 실현하고 새로운 가치를 창출할 수 있다는 것이 빅터 프랭클의 삶의 의미론이다(빅터 프랭클, 2021). 빅터 프랭클의 삶의 의미론의 관점에서 고통은 다음과 같은 의의가 있다.

> 첫째, 고통은 일상적인 삶 속에서 자신을 각성하게 한다. 둘째, 고통은 고통에 맞서는 태도를 통해 정신적 성장을 이룰 수 있게 한다. 셋째, 고통은 삶의 의미를 깨닫게 한다(신경희 · 강기수, 2020).

고통은 인간에게 단순한 장애물이 아니라 의미를 창조하고 인간다운 성숙을 가능케 하는 토양이 된다. 인공지능은 고통을 경험하지 못한다. 인공지능은 불안을 문제 해결의 대상으로 인식할 수는 있어도, 그 불안의 실존적 무게를 짊어질 수는 없다. 인간은 고통 속에서 절망을 경험하면서도, 그 절망을 돌파해 나가는 과정에서 삶의 긍정성을 발견한다.

인간의 긍정성은 단순한 효율성과 다르다. 인공지능의 '최적화'는 주어진 목표를 가장 빠르고 정확하게 달성하는 데 목적이 있지만, 인간의 긍정은 절망적인 상황 속에서도 새로운 의미를 부여하고 삶을 다시 긍정하는 태도다. 이러한 긍정은 효율성과 성과를 넘어, 인간의 존엄성과 행복을 결정짓는 힘이다.

지금의 인공지능은 인간의 기능적 능력을 확장하며, 우리 삶을 혁명적으로 변화시키고 있다. 그러나 기술의 발전은 동시에 인간다움의 본질을 되묻게 만든다. 인공지능이 감정을 분석하고 예술을 창조하며 윤리적 판단까지 모방하는 시대에, 인간을 단지 기능적 능력으로만 정의하는 것은 더 이상 충분하지 않다.

인간다움은 인공지능이 결코 도달할 수 없는 차원, 즉 불완전함과 죽음과 같은 유한성, 그리고 그 속에서 피어나는 의미와 긍정의 힘 속에 있다. 우리는 상처 입을 수 있기에 공감하고, 죽음을 알기에 연대하며, 고통과 불안 속에서도 의미를 찾는다. 그것이 바로 인공지능이 모방할 수 없는 인간을 인간답게 하는 고유한 가치다.

따라서 인공지능 시대의 인간다움은 기능적 능력의 우열이 아니라, 고통스러운 현실을 긍정하고, 불완전한 자신을 받아들이며, 서로를 향해 연대하는 존재론적 태도에 달려 있다. 기술 발전은 피할 수 없는 흐름이지만, 우리는 끊임없이 "무엇이 우리를 인간답게 하는가?"라는 물음을 던져야 한다. 이 질문 속에서 우리는 인간의 조건과 삶의 의미를 재정립하고, 기술의 파도 속에서도 흔들리지 않는 진정한 인간다움을 지켜 나갈 수 있을 것이다.

참고문헌

신경희·강기수(2020). "빅터 프랭클의 삶의 의미론에서의 고통의 의미와 교육적 시사". 《교육사상연구》, 34(3), 71~91쪽.

이정렬(2018). "하이데거의 존재론에서 죽음의 윤리적 의의에 대한 고찰". 《윤리교육연구》, 50, 65~90쪽.

빅터 프랭클(2021). 이시형 옮김. 《빅터 프랭클의 죽음의 수용소에서》. 청아출판사.

마르틴 하이데거(2025). 이기상 옮김. 《존재와 시간》. 까치글방.

07
데이터화된 자아

지금 우리는 일상의 모든 공간에서 마치 매트리스 속에 갇혀있는 듯 자신을 디지털로 콘텐츠화하고, 알고리즘에 의해 데이터로 재구성된다. 감시와 자기 노출이 뒤섞인 현실에서 과연 개인은 어떻게 자율성과 정체성을 유지할 수 있을까? 데이터로 형성된 자아는 또 다른 나인가?

AI와 애니메이션?

디지털 시대의 변형된 주체

디지털 시대는 인류에게 전례 없는 편리함과 연결성을 제공했다. 스마트폰은 우리의 손안에 세계를 담아냈고, 인공지능은 우리의 생각을 예측하며, 소셜 네트워크 서비스(SNS)는 인간관계의 지도를 실시간으로 새롭게 그려낸다. 하지만 이러한 눈부신 기술의 발전 이면에는 인간 존재의 기반을 뒤흔드는 심각한 문제가 잠재되어 있다. 인간은 더 이상 단순히 기술을 사용하는 주체에 머물지 않는다. 오히려 자신을 끊임없이 데이터화하며, 알고리즘의 연산 속에서 분절되고 재조합되는 자신과는 다르지만 다르다고 할 수 없는 객체화 된 자신을 만들어 가고 있다.

우리는 SNS를 통해 자신을 콘텐츠화하고, 타인의 시선을 끌기 위해 스스로를 편집하며, '좋아요'라는 기호적 화폐로 인정받고자 한다. 이 과정에서 자아는 전통적 의미의 '내면성'을 잃고, 감시와 노출이라는 새로운 조건에 놓이게 된다. 행복과 정체성은 더 이상 내면적 성찰로만 규정되지 않고, 데이터적 지표와 외부의 평가, 솔직히 말하면 자극에 대한 반응으로 측정된다. 이러한 변화는 단순히 사회적 현상이 아니라 인간이란 존재의 본질을 되묻는 철학적 과제다.

이미 18세기 공리주의 철학자 제러미 벤담(Jeremy Bentham)은 '판옵티콘('모두 본다'는 의미의 그리스어 'pan'과 'opticon'을 합성한 용어)'이라는 감옥 구조를 고안한 바 있다. 원형 건물 중앙에 감시탑을 세우고, 그 둘레에 감방을 배치하는 구조였다. 감시자는 언제든 수감자를 볼 수 있지만, 수감자는 자신이 지금 실제로 감시당하는지 알 수 없다. 그 불확실성은 곧 내면화된 규율로 작동하여 수감자 스스로 통제하게 만든다. 이미 앞에서도 살펴보았지만 미셸 푸코는 이를 근대 권력의 은유로 해석하며, 감시는 더 이상 물리적 강제만이 아니라 인간을 길들이는 미시 권력이라고 보았다.

21세기에 들어, 이 감시는 새로운 국면을 맞이하게 되었다. 우리는 효율성과 편리함 때문에 우리의 개인정보가 데이터베이스에 저장되는 것을 기꺼이 감수하면서 신용카드를 사용하고, 인터넷 쇼핑과 SNS를 이용하고, 위치 추적을 허용한다. 그러므로 일상생활에서 감시의 밀도가 커지는 것은 일부 자본가들의 음모나 금권주의 충동의 해악이 아니라 이동성과 속도, 안전과 소비자의 자유를 선호하는 사회 속에서 우리 스스로 조성한 복잡한 정치 경제적 관계의 산물이다. 한편, 정보 사회의 또 다른 이름은 '감시 사회'다(박정희, 2018).

그리고 이런 감시 사회에서 더 이상 특정한 감시자가 존재하지 않는다. 감시의 주체는 곧 시스템, 즉 데이터 그 자체다. SNS에 올린 사진, 짧은 글, '좋아요' 하나하나는 데이터로 축적되고, 알고리즘은 이를 바탕으로 우리의 욕망과 감정을 예측한다. 이렇게 탄생한 것이 바로 '데이터놉티콘'이다. 우리는 누군가의 강제로 감시당하지 않는다. 오히려 스스로 노출하며, 자발적으로 감시의 대상이 된다. 또한 우리는 기술에 순응적 존재가 된다. '호모 디카쿠스(Homo dicacus)'는 휴대폰 사용을 생활화하는 현대 사회의 새로운 인간형을 일컫는 말이다. 이는 모바일 미디어가 인간의 생활에 미치는 변화를 문화 · 생태학적 관점에서 조망한 《호모 모빌리쿠스》라는 책에서 비롯된 신조어다(김성도, 2008). 즉, 휴대폰이 생활의 일부가 된 현대적 사회의 새로운 인간형을 뜻한다.

이러한 역설은 자아의 본질도 왜곡한다. 인간은 원래 사회적 존재로서 타인의 시선을 통해 자신을 형성한다. 그러나 디지털 시대의 자아는 '내가 무엇인가'보다 '내가 어떻게 보이는가'에 집중하게 된다. 끊임없이 자기 이미지를 편집하며, 타인의 기대에 맞추어 페르소나를 덧씌운다. 자율성은 점차 사라지고, 우리는 알고리즘이 그려내는 '예측 가능한 나'의 껍질 속에 갇히게 된다.

알고리즘은 우리의 관심사와 소비 패턴을 세밀하게 추적하고 분석한다. 그것은 표면적으로는 맞춤형 콘텐츠라는 이름으로 편리함을 제공하지만, 사실상 우리의 정체성을 파편화시키는 기제로 작동한다. 인간의 자아는 본래 다층적이고 복합적인 면모를 지닌다. 우리는 동일한 사람 안에 상반된 취향과 모순된 성향을 동시에 품고 살아간다. 그러나 알고리즘은 이러한 다층성을 온전히 포착하지 못한다. 대신, 특정 순간에 드러난 데이터 조각, 즉 검색 기록, 클릭한 영상, '좋아요'를 누른 게시물을 정체성의 본질로 환원하고, 그에 맞는 정보만을 끊임없이 공급한다.

그 결과 인간은 무한히 확장될 수 있는 존재임에도 불구하고 '닫힌 회로(closed circuit)' 속에 갇히게 된다. 추천 시스템이 제공하는 정보는 끊임없이 자기 자신을 강화한다. 정치적 성향에 맞는 뉴스만 반복적으로 소비하는 사람은 점차 다른 관점을 접할 기회를 상실하고, 특정 취향의 음악이나 영상만을 접하는 사람은 그것이 곧 '나의 정체성'이라고 오해한다. 이 과정은 자아의 내적 풍부함을 소거하고, 단선적이고 단순화된 정체성을 만들어 낸다.

장 보드리야르(J. Baudrillard)가 말했듯, 현대 사회는 기호와 이미지가 과잉 생산되면서 실재 자체가 희미해지고, 결국 기호가 실재를 대체하는 단계에 이르렀다(보드리야르, 2001). 인간의 자아 또한 이러한 기호화의 운명을 피하지 못한다. SNS에 남겨진 수많은 데이터 조각은 나의 복잡한 내면을 온전히 드러내지 못한 채, 단지 시스템이 활용하기 적합한 형식으로 재구성된다. '나는 누구인가'라는 질문은 '데이터가 말하는 나는 누구인가'로 치환되며, 자아는 데이터적 조합물로 환원된다.

따라서 '알고리즘적 자아'는 근본적으로 허상이다. 그것은 나의 깊은 성찰이나 자유로운 선택의 결과가 아니라, 시스템의 효율성과 수익 논리에 의해 만들어진 그림자에 불과하다. 문제는 이 그림자가 점차 실재를 압도한다는 점이다. 실제의 나는 점점 사라지고, 알고리즘이 구성한 '예측 가능한 나'가 나를 대신한다. 결국 우리는 자율적으로 스스로 형성하는 주체가 아니라 시스템이 제공하는 거울 속에서 자기 모습을 소비하는 객체가 된다.

디지털 시대의 인간은 이제 이러한 상황 속에서 새로운 숙제를 부여받는다. 우리는 알고리즘이라는 거울 앞에 서서, 그 속에 비친 허상에 함몰되지 않고 스스로를 재발견할 수 있어야 한다. 즉, 시스템이 그려낸 '나'와 내가 스스로 성찰하는 '나' 사이의 간극을 자각하는 것이 필요하다. 그렇지 않으면 우리는 점점 더 효율적인 데이터 조합으로 축소된 채, 자신조차 알 수 없는 낯선 존재로 살아가게 될 것이다.

행복은 전통적으로 내적 평화, 자기 성취, 공동체적 유대와 같은 깊은 경험과 연결되었다. 그러나 디지털 시대의 행복은 수치로 환원된다. '좋아요'의 개수, 조회수, 팔로워 수가 행복의 외적 척도가 된다.

문제는 이러한 외적 지표가 곧바로 내적 감정에 영향을 미친다는 점이다. 한 장의 사진에 달린 '좋아요' 숫자가 나의 가치와 기쁨을 결정한다. 행복은 더 이상 내면에서 솟아나는 감정이 아니라, 타인의 인정으로 승인되는 상태가 된다. 이 과정은 필연적으로 비교를 낳는다. 타인의 행복은 곧 나의 박탈감이 되고, 나는 더욱 화려한 행복을 과시해야 만족한다. '행복의 경쟁 구도' 속에서 우리는 진정한 기쁨을 잃는다. 심지어 타인의 불행에서 위안을 얻는 '샤덴프로이데(여기서 "Schadenfreude"는 독일어로 남의 불행을 보았을 때 기쁨을 느끼는 심리라는 의미를 지닌 단어다. "Schaden"은 손해, 손실 등을 의미하고, "Freude"는 기쁨, 환희 등을 의미한다)'적 심리 현상까지 대중적으로 확산되고 있다. 한병철이 지적하듯, 성과와 인정에 매달리는 사회에서 인간은 끊임없이 피로에 시달리며, 진정한 행복은 오히려 멀어진다(한병철, 2012).

데이터로 만들어 가고 있는 자아는 인간의 복잡한 내면을 단순화한다. 알고리즘은 우리의 선호와 행동 패턴을 효율적으로 포착하는 데 유능하지만, 그 속에 깃든 감정의 깊이, 모순, 예측 불가능성은 은폐된다. 인간의 내면은 수치화할 수 없는 영역, 디지털화되기 어려운 영역임에도, 우리는 스스로 데이터 논리에 맞추어 단순화한다.

여기서 문제는 이러한 단순화가 스스로 자발적으로 강화한다는 점이다. 우리는 '나'를 성찰하기보다 '나'를 효율적으로 포장하여 보여 주는 데 집중한다. 인스타그램의 화려한 피드 속에서, 인간은 복합적 존재가 아니라 소비 가능한 이미지로 전락한다. 깊이는 사라지고 남는 것은 피상적 정보의 나열뿐이다.

그러나 인간의 본질은 단순화될 수 없는 차이에 있다. 해나 아렌트가 말했듯, 인간의 유일성은 '누구인가(who)'의 차원에서 드러난다. 지금의 인공지능은 나의 얼굴과 목소리와 행동까지 그대로 담은 영상을 만들며 그것이 마치 나인 것처럼 행동한다. 이러한 데이터화된 자아는 인간의 고유성을 낯설게 한다. 우리는 타자와 세계 속에서 자기 자신을 새롭게 발견하는 능력을 잃고, 어쩌면 '효율적 자아'의 껍질만 남는다.

디지털 시대의 인간은 끊임없이 자기 자신을 지키는 연습과 훈련을 해야 한다. 이 연습과 훈련은 단순히 기술을 거부하는 것이 아니라, 기술과의 관계를 재정립하는 것이다. 우리는 알고리즘의 거울을 넘어, 내면의 목소리에 귀 기울여야 한다. 그렇다면 어떤 실천이 가능할까?

우선, 자기 성찰의 회복이다. 데이터의 외적 지표가 아니라 일상의 사소한 경험과 내적 평화를 소중히 여기는 습관이 필요하다.

또한 타자와의 진정한 관계 맺기의 중요성을 실천하는 것도 요구된다. SNS의 '좋아요'가 아닌, 대면의 대화와 공감 속에서 관계를 재구성해야 한다.

또한 디지털 절제가 필요하다. 끊임없는 노출과 비교의 회로를 의도적으로 차단함으로써 내면의 고요를 회복해야 한다.

데이터화된 자아의 시대에 진정한 행복은 타인의 시선에 갇히지 않고 자기 자신과 온전히 마주하며 이해하고 사랑하는 데서 비롯된다. 이 훈련은 고독하지만 동시에 가장 인간적인 과정이다. 우리는 데이터의 홍수 속에서도 여전히 자기 자신을 찾아 나서는 순례자다. 그것이 곧 디지털 시대에 인간으로 산다는 것의 새로운 의미다.

참고문헌

김성도(2008). 《호모 모빌리쿠스》. 삼성경제연구소.

박정희(2018). "디지털 사회: 모바일 파놉티콘". 《대동철학》, 85, 223~247쪽.

한병철(2012). 김태환 옮김. 《피로사회》. 문학과지성사.

장 보드리야르(2001). 하태완 옮김. 《시뮬라시옹》. 민음사.

08
포스트 휴먼 시대

포스트 휴머니즘과 트랜스 휴머니즘 사상을 통해, '인간 이후의 인간' 시대가 시작되었다. 인간과 기술, 동물, 자연의 경계가 허물어지는 세계에서 새로운 윤리와 공동체는 어떻게 유지될 수 있는가? 이제 이러한 문제에 우리는 봉착했다.

AI와 인재 채용?

인간 중심주의 이후의 인간

인류는 오랜 역사 동안 자신을 만물의 영장이자 이성적 존재로 규정하며 세계의 중심에 서 있었다.

21세기에 접어들면서 인류는 전례 없는 기술적 전환기를 맞이했다. 인공지능, 생명 공학, 나노 기술, 로봇 공학, 신경 과학 등 첨단 과학 기술은 이제 단순히 인간의 삶을 편리하게 만드는 차원을 넘어, 인간 존재의 본질을 다시 묻는 철학적 도전이 되었다. 인간은 오랫동안 스스로를 "이성적 주체", "자연을 지배하는 존재"로 자칭해 왔다. 근대 철학의 핵심 명제였던 르네 데카르트(R. Descartes)의 "나는 생각한다, 고로 존재한다(Cogito, ergo sum)"는 문장은 그러한 인간 중심적 사유 체계를 압축적으로 보여 준다. 그는 다음과 같이 말한다.

> 나는 내가 생각한다는 것을 알기 때문에 내가 존재한다는 것을 안다. 하지만 무슨 이유로 나는 생각하고 또 나는 존재하는가? 그것은 하나의 사태다. 또한 내가 신의 관념을 가진다는 것 또는 나 자신을 존재와 무(無) 사이의 중간 지대로 발견하는 것도 하나의 사태다. 그렇다면 형이상학적 질서는 어디로부터 오는 것인가? 내 생각에 그것은 인간의 위치로부터 온다. 나는 〈자아〉며 나는 신에게 이르고 신으로부터

세계에 이르기 위해 〈자아〉에서 출발할 수밖에 없다(이근세, 2016 재인용).

그러나 오늘날 이성적 주체로서의 인간은 점차 그 특권적 지위를 잃어가고 있다. 인공지능은 의식 없이도 인간을 능가하는 분석 및 예측 능력을 발휘하며, 생명공학은 인간의 신체를 변형·강화하여 인공적 장치와 결합함으로써 '자연적 인간'이라는 개념을 점점 모호하게 만든다. 나아가 기계와 인간, 인간과 동물, 인간과 자연의 경계가 허물어지는 새로운 시대가 도래하고 있다. 닉 보스트롬(N. Bostrom)과 같은 트랜스 휴머니스트들은 이러한 변화를 "포스트 휴먼(Post-human)"의 시대라 부른다. 우선 개념을 명료하게 하자. 트랜스 휴먼(Trans-human)은 과학 기술을 통해 인간의 신체 능력과 지능을 향상하거나, 인간의 생물학적 한계를 극복하려는 '과정' 또는 그러한 단계를 거치는 인간 그 자체를 의미하며, 포스트 휴먼은 이러한 트랜스 휴먼 과정을 거쳐 인간의 한계를 넘어선, 현생 인류와는 다른 새로운 존재를 말한다. 휴머니즘은 인간이 스스로 자기 노력을 통해 향상된다는 이상을 가지고 있었다. 하지만 트랜스 휴머니즘은 기술적 수단을 이용해 자연적 인간을 점점 더 업그레이드해서 '완벽한 인간'으로 나아가는 것을 목적으로 한다(야니나 로, 2021). 이는 단순히 새로운 기술적 가능성을 가리키는 것이 아니라 인간 존재의 정체성과 지위를 근본적으로 다시 사유하게 하는 전환의 사건이다.

또한 포스트 휴먼의 시대는 인류에게 위기이자 동시에 새로운 기회다. 위기인 까닭은 인간의 특권적 지위가 흔들리기 때문이다. 하지만 기회이기도 한 이유는, 그동안 배제되거나 억압되었던 비인간적 존재들과의 관계를 새롭게 정립하고, 인간의 행복을 지구적 공존의 차원에서 재정의할 수 있기 때문이다. 지금은 포스트 휴먼 시대가 가져오는 존재론적 변화를 성찰하고, 새로운 윤리와 공동체의 가능성을 탐색하며, 인간의 행복이 개별적 충족을 넘어 지구적 공존 속에서만 가능하다는 점도 고려해야 한다.

근대 철학은 인간을 이성적 동물로 규정하고, 자연을 지배하고 통제하는 존재로 자리매김했다. 이 과정에서 인간은 자연과 동물, 기계 위에 군림하는 위계적 질서를 정당화했다. 인간은 곧 "주체", 나머지는 "객체"라는 이분법이 철학적 · 사회적 구조의 바탕에 깔려 있었다.

그러나 포스트 휴머니즘은 이러한 인간 중심적 사유에 근본적으로 이의를 제기한다. 인공지능은 인간보다

빠르고 정확하게 데이터를 분석하며, 언어와 창작의 영역마저 모방하고 있다. 인간의 고유한 능력이라 여겨졌던 언어, 창의성, 학습 능력은 이제 더 이상 인간만의 전유물이 아니다. 생명 공학은 인간의 생물학적 한계를 넘어서려는 시도를 가속화하고 있다. 유전자 편집, 장기 이식, 인공 장기 제작, 신체 강화 기술은 "자연적 인간"의 의미를 흐릿하게 만들고, 인간과 기계의 경계를 허물고 있다. 이 변화는 철학적으로 두 가지 중요한 의미를 지닌다.

우선, 인간 존재론적 위계의 해체다. 인간이 자연과 동물, 기계보다 우월하다는 사고는 더 이상 유지될 수 없다. 인간과 비인간 존재는 서로 얽히고설키며 상호 의존적 관계 속에서 공진화하는 존재로 재인식된다. 둘째, 인간 개념의 재정의다. "인간이란 무엇인가?"라는 물음은 더 이상 "이성적 동물"이라는 고전적 정의만으로는 답할 수 없게 된다. 포스트 휴먼은 인간이 기술과 자연에 얽혀 있는 "하이브리드적 존재"임을 드러내며, 인간의 본질에 대한 새로운 사유를 요구한다. 이러한 재정의는 자연적 인간에게 겸손을 요구한다. 인간은 더 이상 특권적 주체가 아니라 지구적 존재 망(network) 속에 하나의 노드일 뿐이다. 따라서 포스트 휴머니즘은 인간 이외의 존재들에게도 지위와 권리를 성찰하게 하며, "타자와의 관계"를 근본적으로 새롭게 구성하자고 주장한다.

인간은 타자와의 관계 속에서 자신을 정의해 온 사회적 존재다. 그러나 포스트 휴먼 시대에 타자는 더 이상 인간에 국한되지 않는다. 인공지능, 로봇, 생체 공학적 신체, 동물, 심지어 생태계 전체가 새로운 타자의 자리를 차지한다. 우리는 이제 인간 대 인간의 관계만이 아니라 인간 대 기계, 인간 대 자연, 인간 대 비인간 존재라는 새로운 관계의 지평에 서 있다.

기존의 윤리 체계는 인간 사회 내부의 규범에 집중했으나 이제는 기술적 존재와의 관계, 비인간 생명과의 공존까지 포함하는 확장된 윤리가 요청된다. 예컨대 이러한 질문들을 제기할 수 있다. 인공지능과 인간이 협력하는 상황에서 우리는 기계에게 책임을 물을 수 있는가? 인공지능이 인간의 의사 결정을 보조하거나 대신하는 경우, 도덕적 책임은 누구에게 귀속되는가? 또한 동물 실험이나 유전자 조작을 통해 인간의 편의를 추구하는 행위는 어떤 윤리적 정당성을 가질 수 있는가?

포스트 휴먼 시대의 윤리는 기술의 중립성을 의심하는 데서 출발한다. 기술은 단순한 도구가 아니라 사회적 · 정치적 맥락 속에서 작동하는 권력이다. 따라서 기술적 선택은 곧 윤리적 선택이며, 인간은 그에 대한 책임을 져야 한다. 또한 동물권 논의는 포스트 휴먼 시대의 중요한 과제 중 하나로 부상한다. 인간의 필요에 종속되었던 동물과 비인간 존재에 대한 윤리적 책임은 더 이상 회피할 수 없다.

이러한 윤리는 인간을 독립적 주체로 보지 않고 "존재의 네트워크" 속에서 이해하게 한다. 인간의 행위는 단지 인간 사회 내부에만 영향을 미치는 것이 아니라 지구 전체의 생태계와 얽혀 있다. 따라서 도덕적 실천은 종의 경계를 넘어 지구적 차원으로 확장되어야 한다.

오늘날 인류는 기후 위기, 생태 파괴, 팬데믹 등 지구적 문제 앞에 서 있다. 이는 인간 중심적 사고가 초래한 결과이기도 하다. 인간은 자연을 자원으로 간주하며 무한히 착취해 왔고, 그 결과 자연의 반격을 맞이하고 있다. 포스트 휴머니즘은 인간을 자연과 분리된 주체가 아니라 기술과 환경에 얽혀 있는 상호 의존적 존재로 바라본다.

이 관점에서 행복은 근본적으로 재정의된다. 근대적 의미의 행복은 개인의 충족, 물질적 풍요, 주관적 만족에 초점을 두었다. 그러나 포스트 휴먼 시대의 행복은 "지구적 공존" 없이는 불가능하다. 지구의 생태계가 무너진다면 어떤 개인의 행복도 오래 지속될 수 없다. 진정한 행복은 인간과 비인간 존재가 서로의 생명력을 존중하며 조화를 이루는 관계 속에서만 가능하다.

이러한 행복 개념은 "느슨한 연대의 윤리"로 이어진다. 인간은 이제 자기 종의 이익만이 아니라 지구 전체의 생명의 조건을 고려해야 한다. 이탈리아의 철학자 조르조 아감벤(G. Agamben)이 말한 "조에(zoe)" 즉, 모든 살아 있는 존재의 생명성을 존중하는 태도가 우리에게 필요하다. 여기서 조에(zoe)라는 것은 '생명 그 자체'를 의미한다(조르조 아감벤 , 2008).

행복은 개인적 감정의 충족이 아니라 전체 생태계의 건강과 균형 속에서 찾아야 한다. 포스트 휴먼 시대는 공동체의 개념 자체를 새롭게 요구하고 있다. 기존의 공동체는 혈연, 지연, 국가, 이념 등으로 제한되었으나 이제는 훨씬 더 확장된 공동체가 필요하다. 인공지능과 협력하고 동물과 교감하며 자연과 함께 살아가는 존재들이 모두 공동체의 일원이 될 수 있다.

이러한 공동체는 상호 의존성과 상호 존중을 기반으로 한다. 인간은 더 이상 지배자나 관리자일 수 없다. 대신 다양한 존재들과 함께 문제를 해결하고 서로의 필요를 충족시키는 협력적 관계를 구축해야 한다. 포스트 휴면 공동체의 진정한 가치는 기술적 진보 자체에 있지 않다. 그것은 기술을 매개로 형성되는 새로운 관계 속에서 서로를 배려하고 공존하는 윤리적 실천에 있다. 포스트 휴먼 시대는 인간의 존재론적 지위를 위협하는 듯 보이지만, 동시에 인간에게 성찰과 겸손의 기회를 제공한다. 인간 중심주의적 사고를 버리고 인간이 아닌 존재들과의 경계를 허물며 지구적 차원의 공존을 모색하는 것은 더 이상 선택이 아닌 필수다.

이것은 단순한 기술적 향상을 넘어선 문제다. 트랜스 휴머니즘이 개인의 신체 강화와 능력 향상에 집중한다면, 포스트 휴머니즘은 인간과 비인간 존재 전체의 관계를 새롭게 설정한다. 인간의 행복은 이제 더 이상 개별적 성취나 물질적 풍요에 있지 않다. 그것은 지구적 차원의 조화와 상호 연대 속에서만 가능하다.

포스트 휴먼 시대는 위기와 동시에 새로운 기회의 장이다. 우리는 이 기회를 통해 과거의 오만을 반성하고, 기술과 자연, 모든 생명체와 함께 살아가는 새로운 공동체의 윤리를 구축해야 한다. 그 길에서 인간은 특권적 존재가 아니라 책임 있는 존재로 거듭날 수 있을 것이다.

참고문헌

이근세(2016). “데카르트와 코기토 논쟁”. 《철학논총》, 85(3), 297~319쪽.

르네 데카르트(1997). 이현복 옮김. 《방법서설》. 문예출판사.

야니나 로(2021). 조창오 옮김. 《트랜스휴머니즘과 포스트휴머니즘》. 부산대학교출판문화원.

조르조 아감벤(2008). 박진우 옮김. 《호모 사케르》. 새물결.

09
책임과 미적 기술

기술은 단지 기능적 효율을 넘어, 예술처럼 책임을 지고 아름다움과 인간의 즐거움을 지향해야 한다. 기술자-예술가의 존재를 통해 기술의 윤리적 회복 가능성과 그 사회적 의미를 논의한다.

AI와 기자?

기술은 예술이 될 수 있는가?

기술은 인류의 역사와 함께했다. 또한 기술은 예술과 어원적으로 하나다. 따라서 예술도 인류의 역사와 함께 했다.

역사학자 프랭크 포퍼(Frank Popper)는 예술이 고대 이래 언제나 기술적으로 설명되었지만, 예술에 관한 기술의 직접적인 영향을 거론할 수 있게 된 것은 산업혁명 이후라고 주장한다. 그는 첨단 기술의 요소를 활용하는 20세기 말의 예술 작품들을 '테크놀로지 아트'로 규정하면서, 그 기원으로 19세기 말~20세기 초의 미래주의, 구축주의, 다다이즘, 바우하우스와 1950~1960년대의 키네틱 아트 · 사이버네틱 아트를 꼽는다(프랑크 포빼르, 1999).

석기 시대의 돌도끼에서부터 현대의 인공지능에 이르기까지, 기술은 인간의 삶을 편리하게 하고 문제를 해결하는 도구였다. 앞에서도 말했듯이, 기술의 발전이 항상 인간의 행복과 직결된 것은 아니었다. 기술은 때로 인간의 삶을 규율하고, 인간성을 소외시키는 수단으로 변질되기도 했다.

하이데거는 기술을 단순한 도구적 수단이 아니라 인간이 세계를 드러내는 방식, 즉 '세계 파악의 형식'으로 이해했다. 그의 말대로 기술은 단순히 목적에 봉사하는 수단이 아니라 인간 존재를 특정한 방식으로 규정한다. 하이데거는 기술을 수단으로 규정하는 것은 기술이 일시적으로 인간의 통제 내에 있는 경우에만 기술을 지배한다고 말할 수 있다고 지적한다. 그러나 탈-은폐의 방식으로서 기술은 단순한 수단이 아닌 것이 명백해진 지금, 기술을 지배하려는 의지와 조화될 수 있는 길은 완전히 미결의 문제로 남아 있다(김향선, 2000).

오늘날 인공지능 기술은 단순한 효율성의 기계적 도구를 넘어서, 인간의 사고와 감정을 분석하고 모방하며, 나아가 창조적 활동에까지 개입하고 있다. 그렇기에 기술의 본질적 목적과 가치를 다시 묻는 성찰은 그 어느 때보다 절실하다.

그래서 우리에게 주어진 질문은 단순하다. 인공지능 기술은 단순히 기능적 효율성을 극대화하는 차원에서 머물 것인가, 아니면 인간의 삶을 아름답게 하고 타자와의 관계에 책임을 지는 새로운 차원으로 발전할 수 있을 것인가? 이 질문에 대한 대답을 찾기 위해서는 기술자를 단순한 기술자가 아닌 예술가로, 인공지능을 단순한 계산기를 넘어선 새로운 미적 · 윤리적 가능성의 장으로 재구성해야만 한다.

기술자와 예술가는 흔히 다른 영역의 전문가로 인식된다. 기술자는 객관적이고 합리적인 효율성을 추구하는 반면, 예술가는 주관적이고 감성적인 아름다움을 창조한다. 그러나 인공지능 시대에 들어서면서 이 두 영역의 경계는 점차 희미해지고 있다.

신학자이자 기술 철학자인 자크 엘룰(J. Ellul)은 현대 사회를 '기술 사회'라 규정하며, 기술이 자율적 논리와 효율성의 법칙에 따라 발전한다고 보았다. 그의 관점에서 기술은 더 이상 단순히 인간의 필요로 통제받지 않고, 기술 스스로 발전 논리를 따라가며 인간을 압도한다. 그는 다음과 같이 말한다(Ellul, 2008).

> 오늘날 아무것도 기술을 피할 수 없고 기술적이지 않은 것은 더 이상 아무것도 없다.

그래서 이 시대는 기술자의 역할에 대해 중대한 변화를 요구한다. 기술자가 예술가적 상상력을 발휘한다는 것은 단순히 기술의 정교함만을 추구하는 것을 넘어, 기술이 인간의 삶에 미치는 심미적 · 윤리적 영향을 고려한다는 뜻이다.

예를 들어, 인공지능을 설계하는 개발자는 단순히 효

율적인 알고리즘을 만드는 것에 머물러서는 안 된다. 그 알고리즘이 사회적 불평등을 심화시키거나 인간의 감정을 왜곡하는 방식으로 작동하지는 않는지 성찰해야 한다. 실제로 채용 알고리즘에서 성별과 인종에 따른 편향이 드러났던 사례는 기술이 단순한 계산적 장치가 아니라 사회적 불평등을 재생산할 위험성을 내포하고 있음을 보여 준다. 기술자의 윤리적 책임은 바로 이 지점에서 놓여 있다.

이제 미적인 상상력은 단순히 예술적 감수성에 국한되지 않는다. 그것은 인간의 삶 전체를 조화와 균형 속에서 바라보는 능력이다. 기술자는 기능적 효율뿐 아니라 인간의 삶을 풍요롭게 하는 미적 감수성을 기술에 담아낼 때, 비로소 '창조자'로서의 지위를 획득한다.

인공지능은 오랫동안 단순한 계산과 데이터 처리를 위한 도구로 여겨졌다. 하지만 생성형 인공지능은 그림을 그리거나, 음악을 작곡하며, 심지어 시를 쓰는 등 인간의 고유한 창작 활동에 참여하고 있다. 이는 인공지능이 단순히 계산기를 넘어 새로운 예술적 가능성을 열어가고 있음을 시사한다.

더욱이 인공지능의 창작물이 진정한 '예술'로 불릴 수 있는가에 대해서는 논쟁이 여전히 치열하다. 전통적으로 예술은 창작자의 의도, 감정, 삶의 체험이 응축된 산물로 이해되었다. 이 기준에 따르면 인공지능이 만든 작품은 단순히 방대한 데이터를 조합한 결과물일 뿐, 예술이라기보다는 기술적 산출물에 불과하다.

이와 같은 비판적 시각에도 불구하고, 인공지능을 인간의 창의성을 확장하는 새로운 도구로 바라볼 필요가 있다. 실제로 많은 예술가들은 인공지능을 협업 파트너로 활용하며, 인간이 미처 인식하지 못한 패턴과 형식을 발견한다. 예컨대, 인공지능과 협력해 제작된 미디어아트 전시는 관람객에게 새로운 미적 경험을 제공한다. 인간과 인공지능이 함께 창작하는 '협업적 예술'은 전통적 예술 개념을 확장하며, 인간 창의성의 새로운 지평을 열어간다.

이것은 단순히 기술이 예술을 모방하는 것이 아니라, 인간과 인공지능이 상호 보완적 관계를 맺으며 창작의 방식을 근본적으로 바꾸는 전환이다. 인공지능은 인간의 창의성을 대체하는 것을 넘어, 오히려 새로운 형태의 창의적 가능성을 열어 주는 '거울'이 될 수 있다.

책임 있는 기술은 인간의 행복을 증진하는 동반자가 된다. 인공지능 기술이 단순히 효율성을 추구하는 것을 넘어, 인간의 삶을 아름답게 하고 타자와의 관계에 책임을 지는 방향으로 발전할 때, 그것은 단순한 도구를 넘어선 윤리적 동반자로 기능한다.

예술과 인공지능의 융합은 관람객에게 새로운 미적 경험과 감정적 교감을 제공한다. 미디어아트 전시는 단순한 시각적 자극을 넘어, 관람자가 기술과 예술이 교차하는 공간 속에서 자기 자신을 성찰하게 만든다. 이는 기술의 미적 가능성이 인간의 내적 성장에 영향을 미칠 수 있음을 보여 준다.

또한 인공지능은 사회적 약자를 배려하고, 환경 문제를 해결하는 데 중요한 역할을 할 수 있다. 인공지능에 기반한 헬스 케어 시스템은 의료 서비스 접근성이 낮은 지역 주민들에게 맞춤형 건강 정보를 제공하여 의료 불평등을 완화할 수 있다. 인공지능이 환경 데이터를 분석하여 효율적인 에너지 관리 방안을 제시하는 것은 지구적 차원의 지속 가능성에 협력하는 사례다.

헤르베르트 마르쿠제(H. Marcus)가 말한 '기술적 합리성'의 지배를 넘어, 인간의 욕구와 감성을 회복하는 방식으로 기술을 전환할 때, 비로소 기술은 인간 행복의 본질적 조건이 된다. 책임 있는 기술과 미적인 기술은 단순히 삶을 편리하게 하는 것이 아니라 인간과 타자, 그리고 자연과 조화로운 관계를 회복하는 길을 제시한다.

인공지능 시대에 기술과 예술의 관계는 더 이상 일방적이지 않다. 기술은 예술의 새로운 매체가 되고 예술은 기술의 윤리적 방향성을 제시한다. 인간은 기술을 창의적으로 활용하여 표현의 지평을 넓히고, 인공지능은 인간의 창작 활동을 보조하며 새로운 가능성을 탐색하는 역할을 맡는다.

이 과정은 '공진화(co-evolution)'라 부를 만하다. 기술과 예술은 서로를 규정하며 함께 발전한다. 그러나 이 공진화의 과정에서 여전히 중요한 것은 인간이다. 인공지능이 만들어 낸 결과물을 평가하고, 그 의미를 해석하며, 기술 발전의 윤리적 방향을 설정하는 것은 인간의 몫이기 때문이다.

기술이 효율성을 무기로 인간의 창의성과 감성을 대체하려 할 때, 인간은 오히려 예술적 감각과 윤리적 판단력을 통해 기술을 제어하고 올바른 방향으로 인도해야 한다. 기술과 예술의 관계가 단순한 융합이 아니라 상호보완적 발전의 과정으로 자리 잡을 때, 우리는 기술을 통해 더욱 아름답고 행복한 세상을 만들어 갈 수 있다.

인공지능 시대의 기술은 단순히 효율성과 편리함을 제공하는 도구로 머물러서는 안 된다. 그것은 인간의 삶을 아름답게 하고 타자와의 관계에 책임을 지는 방식으로 발전해야 한다. 기술자가 예술가적 상상력과 윤리적 책임감을 가질 때, 그리고 인공지능이 인간과 함께 새로운 예술적 · 윤리적 가능성을 열어갈 때, 우리는 기술을 통해 인간의 진정한 행복을 증진할 수 있다.

책임 있는 기술과 미적인 기술은 인간의 삶을 풍요롭게 하고, 공동체의 조화로운 관계를 형성하며, 인간의 윤리적 성장을 돕는 동반자가 될 것이다. 이는 인공지능이 인간의 대체물이 아니라, 인간 창의성의 확장자이자 윤리적 성찰의 촉매로 자리매김하는 것을 의미한다.

결국 인공지능 시대의 미래는 기술 발전의 속도에 있는 것이 아니라 우리가 기술에 어떤 의미와 가치를 부여하느냐에 달려 있다. 책임과 미적 상상력이 담긴 기술만이 인간을 행복으로 이끄는 새로운 길이 될 것이다.

참고문헌

김향선(2000). "하이데거의 기술". 《대동철학》, 11, 63~92쪽.
프랑크 포빼르(1999). 박숙영 옮김. 《전자시대의 예술》. 예경.
Ellul, J.(2008). *La Technique ou l'enjeu du siècle*. Economica.

10
AI 시대의 행복

결국 우리는 행복에 대한 문제로 되돌아오게 될 것이다. 인공지능과 공존하는 사회에서 인간은 어떤 가치와 관계 속에서 의미를 찾게 되고, 어떻게 실존적 존엄과 행복을 지킬 수 있을까? 우리는 언제나 이 물음에 대한 최선의 답을 찾아다닐 것이다.

AI와 미래 의사?

불완전함, 연대, 그리고 의미의 재발견

인류는 인공지능이라는 거대한 기술의 파도 앞에 불안과 희망의 감정이 교차하며 서 있다.

인공지능 기술은 인간의 창조적 능력을 확장하는 도구로 환영받는 동시에, 인간 고유의 존재 조건을 위협하는 불안의 대상으로 다가온다. 그리고 인공지능은 우리의 삶을 효율적으로 만들고, 고독을 달래며, 지식을 무한히 확장하는 듯 보인다. 하지만 바로 그 효율성과 완전함이 인간다움의 본질을 흐리게 하고, 행복의 의미를 왜곡할 위험 또한 동시에 품고 있다.

하이데거에 따르면 기술은 사물을 단순히 사용하는 수단이 아니라 세계를 특정한 방식으로 드러내는 틀이다. 하이데거는 이를 '드러냄(Entbergen)'이라고 불렀다(Heidegger, 1954). 예를 들어, 강은 농부에게는 생명의 원천이지만, 현대 기술 사회에서는 전력 생산을 위한 수력 자원으로 드러난다. 따라서 기술은 존재를 드러내지만, 그것을 자원(Bestand, 비축물)으로만 환원해 보여준다는 한계를 갖는다. 인공지능 또한 단순히 인간을 보조하는 계산기가 아니라 인간이 스스로와 세계를 이해하는 방식을 전면적으로 바꾸어 놓는 장치다. 그래서 "인공지능 시대에 인간은 행복할 수 있는가?"라는 물음은 단순히 기술적 편익을 평가하는 질문이 아니라, 인간 존재의 의미와 조건을 다시 묻는 근원적인 질문이다.

지금까지 나는 이 책의 여러 주제를 통해 AI 시대의 행복을 단순히 기능적 편리함으로 한정하지 않고, 인간의 불완전함과 실존적 조건, 그리고 연대와 의미 창조의 힘을 중심으로 글을 전개했다.

지금의 인공지능은 인간의 이성적 능력을 초월하는 것처럼 보인다. GPT(Generative Pre-trained Transformer)와 같은 언어 모델은 수많은 데이터를 학습하여 놀라운 창의적 산출을 보여 주고, 변호사는 물론 의료 인공지능은 진단 정확도에서 의사를 능가했다. 이러한 발전은 인간이 쓸모없어질 수 있다는 불안을 불러왔다.

인간이 기술로 대체될 수 없는 가장 큰 이유는 오히려 우리 인간의 불완전함에 있다. 인간은 언제나 오류를 범하고, 상처받으며, 죽음을 피할 수 없는 존재다. 이러한 우리의 불완전함은 결코 제거해야 할 결함이 아니라 오히려 인간다움의 본질적 조건이다. 우리는 실패를 통해 배우고, 상처를 통해 공감하며, 유한성을 통해 삶의 의미를 깊이 체험한다. 이미 하이데거가 인간을 '죽음을 향한 존재'라 말했듯이(하이데거, 2025), 인간은 유한성 속에서 자기 존재를 성찰하고 삶을 더 깊이 살아내는 존재다.

인공지능은 효율과 논리의 완벽성을 구현할 수 있으나 상실과 희망, 절망과 구원이라는 인간적 체험의 지평에는 도달하지 못한다. 오히려 인공지능 시대의 인간다움은 바로 불완전함을 긍정하고, 그로부터 새로운 의미를 창출하는 역설적 능력에서 드러난다.

인공지능은 인간의 고독을 달래는 도구로 사용된다. 챗봇은 사용자의 외로움을 위로하고, 알고리즘은 취향에 맞는 콘텐츠를 추천한다. 그러나 이는 어디까지나 '시뮬레이션화된 관계'에 불과하다. 해나 아렌트가 《인간의 조건》에서 지적했듯(한나 아렌트, 2019). 인간은 고립된 사적 존재가 아니라 공동의 세계에서 함께 행위하고 말하는 공적 존재다.

알고리즘이 필터링한 정보 공간에 갇힐수록 우리는 다양한 타자와의 실질적 만남에서 멀어질 위험이 있다. 진정한 행복은 데이터 기반의 맞춤형 위로가 아니라, 불완전한 서로를 인정하고 삶의 서사를 경청하는 '연대적 관계'에서 비롯된다.

코로나19 팬데믹 시기, 인공지능은 온라인 학습과 비대면 상담에서 중요한 역할을 했지만, 동시에 인간이 공동체적 교감을 얼마나 갈망하는지도 우리는 체감했다. 인공지능이 사회적 연결망을 재구성하는 시대일수록,

우리는 의식적으로 타자와의 깊이 있는 관계를 유지하고 공동체적 연대를 강화해야 한다. 이는 '좋아요' 버튼을 누르는 가벼운 교류를 넘어, 서로의 고통과 불완전함을 나누는 과정에서만 가능하다.

인공지능 시대에 중요한 물음은 "기술이 무엇을 할 수 있는가?"에 있는 것이 아니라, "그 속에서 인간이 어떤 존재로 남을 것인가?"에 있다. 인공지능은 존재론적 질문을 우리 앞에 다시 던진다.

헤르베르트 마르쿠제는 그의 《일차원적 인간》에서 기술 합리성이 인간의 자유와 욕망을 억압한다고 경고했다(H. 마르쿠제, 2009). 오늘날 우리는 기술적 효율의 논리에 종속될 것인가? 아니면 불완전한 존재로서 의미를 창조할 것인가? 하는 선택지에 서 있다. 인공지능은 답을 제시할 수는 있어도, 질문을 던지고 의미를 창조하는 능력은 인간에게 고유하게 남는다.

실존주의적 전통에서 강조하듯, 인간은 '자신의 존재를 스스로 만들어 가는 존재'다. AI 시대의 행복은 결과가 아니라 과정이다. 우리는 우리의 삶이 가지는 의미를 끊임없이 묻고, 그 답을 함께 찾아가는 실존적 여정 자체가 행복의 본질이다.

언제나 인간은 상처와 죽음을 통해 자기 존재를 자각

한다. 인공지능은 고장이나 오류가 심하면 수리되거나 교체될 수 있지만, 죽음은 인간이 피할 수 없는 유일한 사건이다. 트랜스 휴머니즘의 흐름은 기술로 상처를 치유하고 죽음을 극복하려 한다. 하지만 그러한 인간관계에서 '상처나 고민이 없는 삶', '불멸의 존재'는 과연 인간적이고 인간적인 삶일 수 있는가?

또한 포스트 휴머니즘은 기존의 휴머니즘을 인간 중심적 사고(anthropocentrism)를 비판하며, 인간을 생태계와 기술적 시스템의 일부로 이해하려는 철학적 접근을 시도한다. 이 담론은 인간의 지위를 중심에서 주변으로 이동시키며, 비인간 존재(동물, 기계, 자연 등)와의 상호작용을 강조한다. 하지만 포스트 휴머니즘이 이론적으로 매력적이더라도, 현실적으로 인간 중심적 시스템(법, 경제, 정치)을 변화시키는 데 어려움이 있으며 이상적이고 실천 가능성에 한계가 있다.

인간관계에서 발생하는 아픔과 상처는 인간에게 회복의 의지를 가르치고, 타인의 아픔에 공감하는 능력을 키워준다. 죽음은 삶의 유한성을 일깨워 주며, 현재를 충만하게 살아가게 한다. 기술이 모든 상처를 치유하고 죽음을 정복하는 듯 보이지만, 그러한 삶은 오히려 의미를 잃은 공허한 삶이 될 수 있다. 행복은 상처 없는 완벽함에 있지 않고, 불완전함을 수용하며 그 속에서 의미를 찾아가는 용기에 있다.

오늘날 인공지능과 그 시대를 둘러싼 많은 담론에서 행복은 단지 편리함과 쾌락으로 축소하려는 대상으로 보인다. 하지만 지금 시대에도 행복은 물질적 풍요와 기술적 효율을 넘어 의미, 관계, 성장, 연대와 같은 인간의 가치에서 비롯된다.

예컨대 인공지능이 반복적 노동을 대신할 때, 인간은 창의적 활동과 사유의 여백을 확보할 수도 있다. 인공지능은 환자 개개인에게 맞춤형 치료를 제공함으로써 의료 불평등을 완화할 수 있다. 하지만 이러한 기술적 성과나 진보가 인간의 진정한 행복으로 이어지려면, 우리는 기술을 비판적으로 성찰하고 그것을 능동적으로 활용할 수 있어야 한다.

인공지능과 같은 첨단 과학 기술은 인간에게 행복을 주는 주체가 아니라, 단지 행복을 추구하는 인간의 철학적 여정을 확장하는 도구일 뿐이다. 그래서 행복은 기술의 부산물이 아니라 인간이 그 기술을 어떻게 사용하며, 그러한 과정에서 그 기술로 인간관계가 어떤 의미로 형성하는지의 문제와 그 맥락을 같이한다.

과연 "인공지능 시대에 인간은 행복할 수 있는가?" 이 물음에 대한 답은 기술이 아니라 우리 자신에게 달려 있다. 인공지능은 우리의 삶을 규정하지 않는다. 오히려 그것은 인간다움의 본질을 다시 묻는 거울이다.

"무엇이 인간을 인간답게 하는가?", "우리는 정말 행복한가?"라는 질문은 여전히 우리 앞에 남아 있다. 우리는 불완전한 존재로서, 그러나 의미를 창조하는 존재로서 답을 찾아야 한다. AI 시대의 행복은 완벽함을 모방하는 기계가 아니라 불완전하지만, 서로를 이해하고 연대하며 의미를 창조하는 인간의 실존적 여정에서 발견된다.

이제 누구나 인정하겠지만 기술이 반드시 인간의 행복을 대신할 수 없다. 그러나 인간이 기술을 통해 불완전함을 성찰하고 타자와 연대하며 의미 있는 삶을 만들어 간다면, 그리고 인공지능이 인간 행복의 적이 아니라 보조적 동반자가 될 때, 지금보다 우리는 행복에 가까워질 수 있다.

참고문헌

H. 마르쿠제(2009). 박병진 옮김. 《일차원적 인간: 선진 산업 사회의 이데올로기 연구》. 한마음사.

한나 아렌트(2019). 이진우 옮김. 《인간의 조건》. 한길사.

Heidegger, M.(1954). Die Frage nach der Technik. *Vorträge und Aufsätze*, pp.9~40. Günther Neske.

마르틴 하이데거(2025). 이기상 옮김. 《존재와 시간》. 까치글방.

최현철

중앙대학교 교양대학 교수로 재직 중이다. 중앙대학교에서 철학박사 학위를 받았다. 그는 대학에서 인문학 관련된 교과목이나 논리학, 토론과 비판적 사고력 및 창의적 사고와 소통, 행복의 철학을 주로 강의한다. 주요 논문으로는 "과학적 설명과 인과성 논쟁 연구(박사학위 논문)", "과학주의와 인문학의 의사소통 가능성에 대한 고찰", "융합의 개념적 분석", "혐오의 그 분석과 철학적 소고", "빅데이터 환경과 인문학적 플랫폼", "인공적 도덕 행위자의 윤리적 프로그래밍을 위한 논리 연구", "인문학 대중화를 위한 융합 플랫폼 모색", "인공적 도덕 행위자(AMA)에 대한 융합(hybrid) 접근의 철학적 기획", "초불확실성 시대와 융합 교양 교육의 방향"등 그 외 다수가 있다. 저서나 공저로는 《과학과 철학의 만남》, 《논리 세우기》, 《문제해결력과 사고력》, 《도시재생과 통하는 인문학》, 《AI와 윤리적 프로젝트》 등이 있고, 역서로는 《과학철학의 형성》, 《의미와 논증》 등이 있다.